MARINA BOHLMANN-MODERSOHN

HAMBURG

Eine Stadt in Biographien

Herausgegeben
von Norbert Lewandowski

MERIAN porträts

DIE AUTORIN

Marina Bohlmann-Modersohn studierte Literaturgeschichte in Hamburg, London und Paris und war dann langjährige Mitarbeiterin der Pariser »Spiegel«-Redaktion.
Neben zahlreichen biographischen Essays veröffentlichte sie ein Buch über die Malerin Paula Modersohn-Becker und ist außerdem Autorin der Bände »Paris« und »London« aus der Reihe MERIAN *porträts* sowie von MERIAN *live!* »Paris« und »Hamburg«.

Es ist der Blick über Außen- und Binnenalster, der in Euphorie versetzt. Die Silhouette mit den Türmen von Rathaus, St. Nikolai und St. Petrikirche. Dann sprechen nicht nur Hamburger von der »schönsten Stadt der Welt«.

Wie jede andere Metropole wird auch Hamburg nicht nur von Bauwerken und Straßenzügen geprägt, sondern vor allem auch von den Menschen, die hier geboren und gestorben sind oder entscheidende Jahre verbracht haben. MERIAN *porträts* beschreibt 20 Persönlichkeiten; sie führen die Leser durch Historie und Gegenwart der Stadt.

So begegnen wir dem Bischof Ansgar, der in den Sümpfen des Mündungsgebiets der Alster in die Elbe eine Mission gründete, aus der Hamburg entstand. Und wir erleben noch einmal das schauerliche Ende des Seeräubers Klaus Störtebeker auf dem Grasbrook mit und schwelgen mit Matthias Claudius in der dörflichen Idylle von Wandsbek.

Natürlich ist es schwer, die »richtigen« 20 Personen auszuwählen, vermutlich sogar unmöglich, schließlich wurde Hamburg von mehr als 20 Menschen geprägt. Doch in der Summe soll unsere subjektive Auswahl das unverwechselbare Kaleidoskop Hamburg ergeben.

Wir nehmen teil an Glanz und Glorie der Hansezeit mit dem Aufstieg und Fall der Kaufmanns- und Reederdynastien derer von Godeffroy und Ballin, verfolgen das weitsichtige Leben und Wirken des legendären Verlegers Julius Campe und den Aufstieg zur Kunst- und Musikstadt mit Alfred Lichtwark, Ernst Barlach und Johannes Brahms. Wir lernen das Schauspiel und die Oper mit Ida Ehre und John Neumeier kennen, lassen uns von Hamburger Originalen wie Hans Albers und Heidi Kabel faszinieren und begleiten Helmut Schmidt und seine Frau Loki auf dem Weg in die hohe Politik. All diese Menschen machen Hamburg aus, die vielleicht schönste Stadt der Welt …

Farbige Kästchen mit Ziffern **1** und farbige Buchstaben-Ziffern-Kombinationen (▸ *D 3*) verweisen auf die Orientierungskarte auf S. 8/9.

AUF EINEN BLICK

Ohne ihre Bewohner wäre die Stadt eine andere. Ohne Störtebeker, Heidi Kabel, Helmut Schmidt … wäre Hamburg nicht Hamburg.

ANSGAR (ca. 801–865)

KLAUS STÖRTEBEKER (ca. 1370–1401)

MATTHIAS

***832** Ansgar wird zum ersten Bischof der neuen Diözese Hamburg geweiht.*

***22. April 1401** Das Schiff »Bunte Kuh« war Teil der hanseatischen Flotte, die Störtebeker stellte.*

800 | 900 | 1300 | 1400 | 1700 | 1800

***14. Jh.** Der Hering war eines der wichtigsten Handelsgüter der Hanse, die in dieser Zeit den nordeuropäischen Raum beherrschte.*

***12./13. Jh.** Bereits das Stadtsiegel zeigte eine Burg mit Kreuz und Sternen, die heute noch das kleine Staatswappen schmückt.*

April 2007 *wurde mit dem Bau des neuen Konzerthauses begonnen, der Elbphilharmonie Hamburg.*

[C]LAUDIUS (1740–1815)

[J]ULIUS CAMPE (1792–1867)

JOHAN CESAR VI. GODEFFROY (1813–1885)

JOHANNES BRAHMS (1833–1897)

CARL HAGENBECK (1844–1913)

ALFRED LICHTWARK (1852–1914)

ALBERT BALLIN (1857–1918)

ERNST BARLACH (1870–1938)

1900 — 2000

HANS ALBERS (1891–1960)

IDA EHRE (1900–1989)

HEIDI KABEL (1914–2010)

HANNELORE SCHMIDT (1919–2010)
HELMUT SCHMIDT (geb. 1918)

RUDOLF AUGSTEIN (1923–2002)

UWE SEELER (geb. 1936)

JOHN NEUMEIER (geb. 1942)

JIL SANDER (geb. 1943)

DOMENICA (1945–2009)

UDO LINDENBERG (geb. 1946)

ORIENTIERUNG

F
G
H
J
K
Der Hamburger und Germania Ruderclub 5
An der Alster
Kennedybrücke
Lombardsbrücke
16 Hotel Atlantic
26 Staatsoper
Ohnsorg-Theater 21
6 Deutsches Schauspielhaus
Hamburger Kunsthalle 10
Jungfernstieg
14 Hapag-Lloyd Hamburg
Hansa-Theater 13
Wolfgang Joop 31
20 Museum für Kunst und Gewerbe
18 Jil Sander
30 »Trauernde Mutter mit Kind«
15 Heinrich-Heine-Denkmal
29 Thalia Theater
17 Ida-Ehre-Platz
Chilehaus 3
Ansgar-Statue 1
Willy-Brandt-Straße
Amsinckstraße
25 »Spiegel«-Verlagshaus
Störtebeker-Denkmal 28
Speicherstadt 24
8 HafenCity

ANSGAR

ca. 801–865

Der charismatische Benediktinermönch aus Nordfrankreich kam in die Sümpfe bei der »Hammaburg«, baute die erste Holzkirche und gründete das Bistum Hamburg. Der Auftakt zu einer Erfolgsgeschichte.

Beim besten Willen heute nicht mehr vorstellbar: flaches Marschland, so weit das Auge blicken kann. Dort, wo das Flüsschen Alster in die Elbe mündet und sich in unmittelbarer Nähe jetzt die kühne Fassade der Elbphilharmonie 7 *(▸ E 7)* erhebt, nichts als Morast. Bis auf einige wenige, spärlich bekleidete Männer, die damit beschäftigt sind, ein paar Quadratmeter Land für den Ackerbau trockenzulegen und an ihren zeltartigen Wohnlagern aus Lehm und Zweigen zu bauen, nirgends eine Menschenseele. Auf dem Wasser ein paar dümpelnde Einbäume. Misstrauisch beäugen die Männer den Fremden in dem langen Gewand, der im Sommer 832 plötzlich auf ihrem Gelände erscheint und sie mit ausgebreiteten Armen im Zeichen des Kreuzes begrüßt. Der Benediktinermönch Ansgar ist gekommen, um an diesem seit Längerem schon als »Hammaburg« bezeichneten Schlickloch an der Alsterfurt seine erzbischöfliche Residenz zu errichten.

Ansgar wurde 801 in Nordfrankreich geboren; bereits als Fünfjähriger kam er nach dem frühen Tod seiner Mutter ins

Der »Apostel des Nordens«: Bischof Ansgar, hier auf einer Darstellung in der Marienkirche, gilt als der Gründer Hamburgs.

Benediktinerkloster von Corbie an der Somme. Als 20-Jähriger habe er eine Vision gehabt, so sein späterer Bericht, eine Stimme habe ihm befohlen: *»Gehe hin. Mit der Krone des Martyriums wirst du zu mir zurückkehren.«* Da brach Ansgar gen Norden auf.

Die Gründung eines Missionsbistums am nördlichen Elbufer ist nicht das erste Bauvorhaben, mit dem der Mönch betraut wird. Schließlich hat er bereits die heidnischen Dänen und Schweden

Jedes Jahr am 7. Mai steht Hamburg kopf: Dann wird der Hafengeburtstag gefeiert, auch mit einer Parade der Feuerlöschboote.

erfolgreich bekehrt, und die römisch-katholische Kirche verehrt ihn wie einen Heiligen. Inzwischen gilt Ansgar als Spezialist für die Gründung von Klosteranlagen. Kein Wunder, dass Kaiser *Ludwig der Fromme* wieder ihn wählt, als es darum geht, an der Elbe eine Art Brückenkopf zu bauen und von dort aus die Heiden zu ordentlichen Christenmenschen zu machen. Ein waghalsiges Unternehmen! Denn noch haben die Franken das Gebiet keineswegs ganz unter ihrer Kontrolle. Nach wie vor ist es Schauplatz für heftige Fehden zwischen Sachsen, Slawen und Wikingern.

Vor allem aber: Was für Anstrengungen sind mit der Errichtung eines gut funktionierenden Missionsstützpunktes auf dem nicht nur sumpfigen, sondern auch von Trümmern und Schutt altsächsischer Festungsanlagen durchwühlten Gelände verbunden. Und dann der Wind und die immer wieder heftigen Stürme, denen Ansgar und seine Leute schutzlos ausgesetzt sind.

Ein Blick auf den heutigen Stadtplan: Im Herzen Hamburgs, dort wo die Steinstraße nach Westen in die Straße Speersort und weiter in die Große Johannisstraße führt und sich Rathaus und Börse dicht aneinander schmiegen, beginnen um 832 unter der Leitung Bischof Ansgars die Arbeiten zu einer Klosteranlage.

Als »Apostel des Nordens« hat man Ansgar bezeichnet. Dem hingebungsvollen Kirchenmann ist auf der *Trostbrücke* ein Denkmal **1** *(▸ F/G 5)* errichtet worden. Die steinerne Brücke, 1881 neu gebaut, führt über das Nikolaifleet. Ursprünglich verband sie die erzbischöfliche Altstadt mit der 300 Jahre später gegründeten Neustadt: Gold ziert das Gewand des Missionars, der in seiner linken Hand den Bischofsstab trägt, in der rechten ein Kirchenmodell. Ihm gegenüber der Sachsenherzog Adolf III. zu Schauenburg, Stormarn und Holstein, unter dem sich Hamburg mit der Neustadt und dem Hafen als Handelszentrum entwickelte.

ALLER ANFANG LIEGT IN DER »GOTTESSTADT«

In dem historischen Klinkerbau mit der Adresse Trostbrücke 4 hat eine Hamburger Institution ihren Sitz, die es seit 1765 gibt: Die Patriotische Gesellschaft wurde als gemeinnützige »Hamburgische Gesellschaft zur Beförderung der Künste und nützlichen Gewerbe« gegründet. Eines ihrer Ehrenmitglieder: der Bankier Salomon Heine, wohlhabender Onkel des berühmten Dichters Heinrich Heine.

Gleich nebenan beeindruckt der Laeiszhof, das Kontorhaus des Reeders Ferdinand Laeisz. Ferdinand Laeisz und sein Sohn Carl gehören zu den Gründervätern der Hamburger Schifffahrt und wurden zu Symbolfiguren hanseatischen Mäzenatentums. Ihnen ist der Bau *»einer würdigen Stätte für die Ausübung und den Genuss edler und ernster Musik«* zu verdanken. Die Musikhalle heißt wieder Laeiszhalle **19** *(▸ D 3)* und steht am Johannes-Brahms-Platz.

Aber zurück zu Bischof Ansgar und seiner schlichten kleinen Marienkirche aus Holz, die von einem hohen Erdwall umschlossen ist. Im Schutz dieser »Gottesstadt« fühlen sich die Siedler sicher, und es kommen immer mehr, vorwiegend Fischer und Handwerker, vor allem aber Schiffskaufleute, die als Begleiter für Missionare wie Ansgar auf ihren Reisen in ferne Länder unentbehrlich sind. Nicht nur, dass sie Schiffe bauen können. Die Männer sind auch exzellente Nautiker. Zielsicher verstehen sie es, ihre Boote und Schiffe durch die Küstengewässer zu steuern, egal ob bei Ebbe oder Flut, seichter oder stürmischer See.

Zu Füßen der Hammaburg macht immer mal wieder eine Kogge an der hölzernen Kaimauer fest. Dann belebt sich der kleine Siedlungsplatz. Waren werden entladen. Mehr und mehr entwickelt sich ein reges Markttreiben. Doch Kontinuität ist Hamburgs erstem Hafen, der im Bereich des Alten Fischmarkts lag, noch lange nicht gesichert. Gefahr droht dem eben gegründeten Bischofssitz von allen Seiten.

Es ist ein später Abend im Frühjahr 845, die Flut setzt gerade ein, als sich, von den Bewohnern völlig unbemerkt, dänische Wikinger der Hammaburg nähern und Dutzende von Schiffen die Siedlung umzingeln. Nach einem eisigen Winter hat Dänemarks König sein Heer zum Raubzug auf die Elbe geschickt. Zwei Tage lang nisten sich die Piraten in der Burg ein, plündern, rauben und stecken Ansgars Kirche in Brand, bevor sie bei ablaufendem Morgenhochwasser mit ihren beladenen Booten wieder davonsegeln.

Auf der Hammaburg tobt ein Feuersturm. Im Nu ist die gesamte Klosteranlage in Flammen aufgegangen, die Bibliothek mit den alten Abschriften und Büchern niedergebrannt, die Kaiser Ludwig dem Benediktinermönch als Geschenk mit auf den Weg an die Elbe gegeben hat, sind alle weiteren kirchlichen Schätze und Utensilien geraubt oder zerstört.

Ausgrabungsarbeiten auf dem Domplatz: ein Archäologe auf der Suche nach der sagenumwobenen Burganlage »Hammaburg«.

Aus der Traum, Hamburg zu einer Missions-Metropole machen zu wollen. Nun, da seine Klosteranlage restlos zerstört ist, sieht Ansgar keine Möglichkeit mehr für sich, den kirchlichen Dienst auf der Hammaburg jemals wieder aufnehmen zu können – viel zu sehr ist die Region von den Verwüstungen dänischer Wikinger bedroht. Daran wird sich auch im Laufe der nächsten zwei Jahrhunderte nichts ändern. Erzbischof Ansgar bleibt nichts anderes übrig, als diesen unglücklichen Ort zu fliehen.

Natürlich hat das Kirchenrecht für solche Fälle Lösungen parat. Was läge näher, als Ansgar zum Nachfolger des kürzlich verstorbenen Bremer Bischofs zu ernennen. Kaum 130 Kilometer liegen zwischen dem Bistum Bremen und dem Erzbistum Hamburg. Einleuchtend, die beiden kleinen Städte 845 zum Erzbistum Bremen-Hamburg zu vereinigen und sich von hier aus weiterhin um die Bekehrung der Nordländer zu bemühen.

In Bremen lässt Ansgar Krankenhäuser bauen, kauft Gefangene frei, setzt sich gegen den Sklavenhandel ein und gründet drei Klöster. Heute erinnert die Kirche St. Ansgarii im Stadtteil Schwachhausen an den angesehenen Erzbischof von Bremen. Sein Nachfolger Rimbert sagte über ihn: *»Er wollte den Blinden Auge, den Lahmen Fuß und den Armen ein wahrer Vater sein.«*

Niemals hätte sich Ansgar vorstellen können, dass eines Tages an genau jener Stelle ein Mariendom errichtet würde, wo er einst seine Marienkapelle bauen ließ. Es gibt diesen Dom nicht mehr, der um 1400 vollendet wurde. Der Hamburger Senat beschloss 400 Jahre später, ihn wegen Baufälligkeit abreißen zu lassen.

EIN JAHRMARKT ERINNERT AN DEN DOM

Im *Hamburgmuseum* **11** *(▸ C4)* steht ein Modell des Mariendoms. Es zeigt die fünfschiffige Hallenkirche, die nach der Reformation verwahrloste und im Laufe der Zeit verfiel, bis Staub und Spinnweben Altar und Bänke überzogen. Nach und nach suchten etliche Händler im Innern des Gemäuers Schutz vor Regen und Kälte und nutzten die Kirche als Marktplatz mit Ständen für Brot, Gemüse, Leinen und Bücher. Handwerker boten ihre Waren und Dienste an. Zu einer Pilgerstätte wurde der Mariendom um die Weihnachtszeit, wenn zahlreiche Buden mit duftendem Gebäck lockten.

So erinnert nicht nur ein Straßenname, nämlich die Domstraße, heute noch an Hamburgs älteste Kirche, sondern auch ein großer Jahrmarkt. »Auf den Dom gehen«, sagen die Hamburger und feiern mit dem *Hamburger Dom* **9** *(▸ C3)* auf dem Heiligengeistfeld nahe der Reeperbahn dreimal im Jahr, im Frühjahr, Sommer und Winter, ein riesiges Volksfest mit Feuerwerk, Karussells, Doppel-Looping-Bahnen, Bratwurstbuden und gebrannten Mandeln. Tausende von Knallern und Böllern krachen, wenn die Hansestadt alljährlich im Mai den Hafengeburtstag feiert, das »größte Hafenfest der Welt«. Es soll an jenen Tag im Mai 1189 erinnern, an dem Graf Adolf I. von Schauenburg beim Kaiser Friedrich Barbarossa den Hamburgern freien Handel und Zollfreiheit auf der Niederelbe bis zur Elbmündung gewährte. Das waren Privilegien, die der Hansestadt entscheidende Vorteile im Wettbewerb mit den anderen Hafenstädten an der Elbe verschafften – und Hamburgs Aufstieg zur blühenden Hafen- und Handelsstadt sicherten.

Mit geschwellter Brust und voller Inbrunst sprechen die Hamburger von »unserem Hafen«, und niemand will das gigantische Fest verpassen, zu dem das »Tor zur Welt« ans Ufer der Elbe einlädt: Wenn der Eröffnungsgottesdienst in der St. Michaeliskirche **27** *(▸ D5)* vorbei ist, füllt sich die knapp vier Kilometer lange »Hafenmeile« zwischen dem neuen Stadtteil HafenCity **8** *(▸ G7)* und dem Museumshafen Oevelgönne mit über einer Million Menschen, die »ihrem Hafen« mit viel Bier und Wein zuprosten.

ANSGAR-STATUE **1** ▸ *F/G5*
Trostbrücke, Hamburg-Altstadt
▸ U-Bahn: Rathaus

HAFENGEBURTSTAG
www.hafengeburtstag.de

HAMBURGER DOM **9** ▸ *C3*
Heiligengeistfeld, St. Pauli
www.hamburgerdom.de
▸ U-Bahn: St. Pauli

HAMBURGMUSEUM **11** ▸ *C4*
Holstenwall 24, Neustadt
www.hamburgmuseum.de
▸ U-Bahn: St. Pauli

KLAUS STÖRTEBEKER

ca. 1370–1401

Woher dieser legendäre Seeräuber kam, weiß heute niemand so genau. Sein blutiger Tod auf dem Großen Grasbrook im Hamburger Hafen machte ihn unsterblich – und zu einem Mythos der Hansestadt.

Es ist die Pest! Kein Handelsschiff ist mehr vor ihnen sicher. Schon seit Langem treiben die Piraten ihr Unwesen auf der Ost- und Nordsee, inzwischen haben sie bereits die Mündung von Elbe und Weser erreicht. Gnadenlos überfallen sie die Mannschaften der Hansekoggen auf Kurs nach England oder Skandinavien, und wenn ein angegriffenes Schiff sich nicht umgehend ergibt, scheuen die Ganoven auch Mord und Totschlag nicht. Als Kopf der Bande ist ein Mann bekannt, der Klaus Störtebeker heißt. Seitdem sein blutrünstiges Geschwader aus den Wattengebieten der Nordsee heraus operiert und den Kaufleuten fässerweise Bier und Heringe raubt, leidet die Hansestadt unter einer schweren Wirtschaftskrise. Denn schließlich beruht Hamburgs Reichtum vor allem auf dem Export von Bier.

Mit 460 Brauhäusern, die vorwiegend an den Fleeten liegen, wird die Stadt als »Brauhaus der Hanse« gerühmt: Gerste und Hopfen gedeihen prächtig in den umliegenden Marschen, der Getreidehandel an der Oberelbe sorgt für die Produktion von

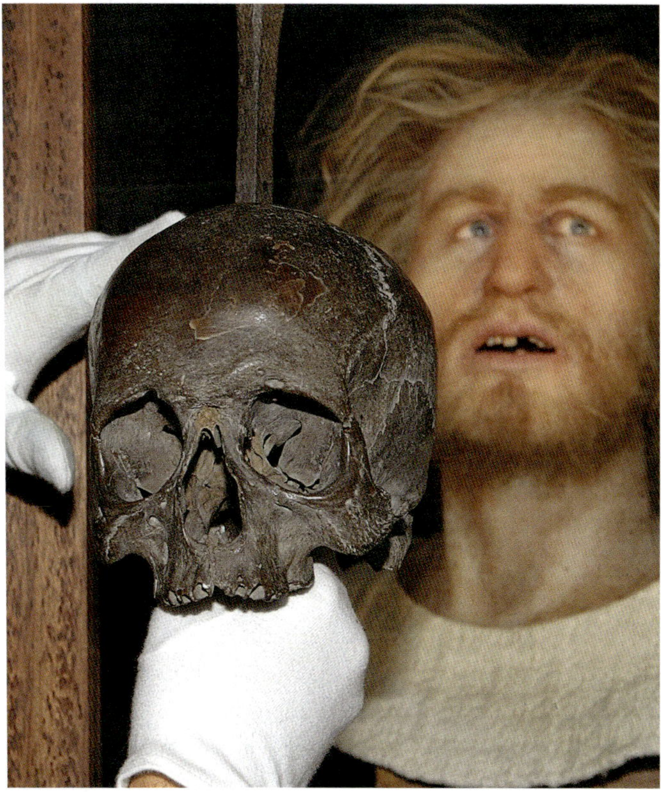

Ist er es oder ist er es nicht? Dem Gemälde von Klaus Störtebeker im Hamburgmuseum wird ein Schädel zugeordnet.

reichlich Malz. Aber es ist nicht nur das Bier. Auch der Hering bringt Hamburg dank des Transithandels mit Ländern wie Skandinavien und Holland gutes Geld und hohes Ansehen. Kaum hat Mitte August die Fangzeit begonnen, herrscht im Heringhaus am Alten Fischmarkt in der Innenstadt Hochbetrieb. Mit Stichproben auf ihre Qualität geprüft – schließlich geht es Hamburg darum, beim heiß umkämpften Heringshandel seinen Monopolanspruch

Die Hinrichtung von Klaus Störtebeker und seinen Männern fand am 20. Oktober 1401 auf dem Großen Grasbrook statt.

zu verteidigen – werden Tonnen von Fisch gewaschen, gesalzen und für den Transport ins Binnenland vorbereitet.

Inzwischen ist der kleine silbrige Fisch als Nahrungsmittel höchst populär, und mancher isst ihn am liebsten sogar »grün«, also frisch. Getrocknet, leicht gesalzen und geräuchert wird er bald als »Bückling« auf den Tellern der Bürger liegen, eine Spezialität, die dem Holländer Johannes Böckel zu verdanken sein soll.

»Heringsbändiger« haben die Binnenländer Hamburgs Kaufleute oft abschätzig genannt und das Meerestier als »Fisch kleiner Leute« verpönt. Vermutlich ohne zu wissen, dass der Handel mit dem Hering viele Menschen ernährte. Außerdem erblühte das Handwerk der Böttcher, die alle Hände voll zu tun hatten, die hölzernen Heringstonnen anzufertigen.

Apropos Heringe: Nach durchzechter Nacht zieht es Hamburger am frühen Sonntagmorgen nicht ins häusliche Bett, sondern auf den St. Pauli Fischmarkt. Ob im Sommer oder Winter, bei Nieselregen oder Sturm, ab sechs Uhr in der Früh treffen auf Hamburgs ältestem Wochenmarkt südlich des Pinnasbergs, wo die Große Elbstraße beginnt, Schwärme von Menschen ein, um sich nach einem St. Pauli-Vergnügen noch ein erfrischendes Bier zu gönnen und den Biss in ein herzhaftes Brötchen mit Hering, Zwiebelringen und Gewürzgurke zu genießen. Oft übertönt der »Frische Fische«-Ruf der Händler noch das Kreischen der Möwen, wenn die Männer an ihren Ständen Krabben und Krebse, Schollen und Schellfisch feilbieten, aber auch Obst und Gemüse, Kaninchen und Kakteen, Kitsch und Kunst und viel Trödelkram.

DIE HANSE MACHT GEGEN STÖRTEBEKER MOBIL

Hamburg, 1401. Jetzt reicht es! Hamburg, Lübeck, Bremen, Wismar, Rostock – die gesamte Hanse ist von den Überfällen der Piraten betroffen. Bei jedem Versuch, sie zu fangen, sind die beiden kühnen Haupträuber Klaus Störtebeker und *Goedeke Michels* immer wieder entwischt. Laut klagen die hanseatischen Kaufleute über hohe finanzielle Verluste und schwören Rache. Es muss unbedingt etwas geschehen, um weiteres Unheil abzuwenden. Eine bewaffnete Aktion scheint unvermeidlich. Im April tauchen die Piratenanführer wieder auf der Nordsee auf. Mehr als 40 Koggen begleiten Störtebeker und sein Boot »Roter Teufel«. Ihr Ziel ist die Felseninsel Helgoland. Für Hamburg ist der Augenblick gekommen, zum entscheidenden Schlag auszuholen.

Unter dem Kommando des Schiffshauptmanns *Simon van Utrecht* verlässt das Flaggschiff »Bunte Kuh von Flandern« am 22. April 1401 mit einer Flotte den Hamburger Hafen. Der Trick: Die Kriegsschiffe sind als Handelsschiffe getarnt. Sie sollen die kapernden Seeräuber um Störtebeker – die Vitalienbrüder – endlich in die Falle locken.

Tatsächlich geht Störtebekers Rechnung dieses Mal nicht auf: Seinem Angriff auf die vermeintlichen Frachtschiffe folgen erbitterte Kämpfe auf offener See, bei denen mehr als 40 Piraten umkommen und er selbst mit 70 seiner Leute gefangengenommen wird. Was für ein Erfolg für die Hansestadt Hamburg! Er war möglich geworden durch die Hilfe eines Verräters, erzählt die Legende. Als Fischer verkleidet soll ein Sympathisant der Hanse unbemerkt flüssiges Blei in die Steueranlage der Kogge »Roter Teufel« gegossen und Störtebekers Schiff manövrierunfähig gemacht haben.

Auf dem Großen Grasbrook in Hamburgs neuem Stadtteil HafenCity **8** *(▸ G 7)*, dort, wo 2007 die Grundsteinlegung der Elbphilharmonie **7** *(▸ E 7)* erfolgte, steht auf einem Sockel ein kleiner Mann **28** *(▸ H 6)* aus Bronze mit Bart, die Hände vor dem Bauch gefaltet, den Blick über die Schulter in Richtung Innenstadt gewandt. Kaum vorstellbar, dass dieses schmächtig wirkende Kerlchen jener Klaus Störtebeker sein soll, der vor 600 Jahren die reichen Hansestädte an der Ost- und Nordsee das Fürchten lehrte.

Wie der legendenumwobene Freibeuterkapitän zu seinem Namen und wo er überhaupt herkam, ob er Klaus und nicht etwa Claas oder wohlmöglich Nikolaus hieß und am Ende gar kein Pirat, sondern ein Kaufmann aus Danzig war – kein Mensch kann es genau sagen. Genauso wenig wie erwiesen ist, ob Störtebeker tatsächlich so trinkfest war, wie sein Name, der so viel wie »Becher-Herunterstürzer« heißt, nahelegt.

Tod durch Enthauptung! So lautet das Urteil, nachdem das Kriegsschiff »Bunte Kuh« Störtebeker und seine Räuberbande in Hamburg abgeliefert und das Gericht kurzen Prozess mit ihnen gemacht hat. Aber so einfach lässt sich ein Klaus Störtebeker seine Freiheit, geschweige denn das Leben, nicht nehmen. Wenn er Hamburg eine goldene Kette schenke, die um die ganze Stadt reiche, würde der Senat ihm dann seine Strafe erlassen und ihn nicht

Früher drehte sich in Hamburg alles um den Hering, heute ist er bestenfalls eine Randerscheinung – ein Stand auf dem Fischmarkt.

enthaupten? Der Senat reagiert empört, doch lässt er Störtebekers Kogge nach dem versprochenen Gold durchsuchen. Vergeblich! Später soll ein Zimmermann bei der Zerlegung des Schiffes dann doch noch auf das edle Metall gestoßen sein, verborgen in den hölzernen Masten, und mit dem Goldschatz, so will es die Legende, eine Krone für den Turm der Hamburger Kirche St. Katharinen in Auftrag gegeben haben.

Ebenfalls ist es wohl eher ein Märchen, der berüchtigte Seeräuber habe dem Hamburger Bürgermeister noch kurz vor seiner Hinrichtung das Versprechen abgenommen, alle Piraten vom Tod durch das Schwert zu verschonen, an denen der Verurteilte nach seiner Enthauptung noch vorbeigehen könne. Ein Raunen geht durch die Menge, als Störtebeker, sein Kopf liegt schon längst am Boden, immerhin elf seiner verurteilten Kollegen noch erreicht, bis ihm der Scharfrichter ein Bein stellt und den Geköpften zu

Fall bringt. Anderen Quellen zufolge warf er ihm den Richtblock vor die Füße. Jeder Barkassenskipper erzählt seinen Hafenrundfahrtgästen gern vor Ort diese schaurige Geschichte und schmückt sie mehr oder minder fantasievoll aus, wobei mancher das alte Volkslied zitiert: »*Vor vielen Jahren lebte, o Graus, noch oben im Norden, der wilde Klaus.*«

Und das bürgermeisterliche Versprechen? Keine Rede mehr davon. Von ihrem Gefängnis aus müssen alle 73 Piraten in einer langen Prozession den Weg zu ihrer Hinrichtungsstätte auf dem Grasbrook antreten. Nur wenig später kann man die Köpfe der Enthaupteten auf Pfähle gespießt entlang der Elbe sehen.

EIN INSEL-WEHRTURM GEGEN PIRATEN

Im *Hamburgmuseum* **11** *(▸ C4)* erinnern Abbildungen, aufgespießte Seeräuberschädel und ein Flugblatt an jenen 20. Oktober 1401, an dem Störtebeker und seine Männer geköpft wurden. Ihre Hinrichtung sollte auch eine Warnung sein und der Abschreckung dienen. Aber ausgehend von ihrem Hauptquartier im friesischen Emden trieben die Piraten auch ohne ihren Anführer Störtebeker weiterhin ihr Unwesen auf dem Meer. Es wurde erst von seinen wilden Raubzüglern befreit, als 1525 der Hamburger *Ditmar Koel* mit seiner Flotte vor der friesischen Küste eine besonders gefährliche Bande überwältigte.

In der südlichen Nordsee, dort, wo die Elbe mündet, liegt eine kleine Insel, die seit 700 Jahren zu Hamburg gehört. Sie heißt *Neuwerk*, und auf dem höchsten Punkt dieses flachen Eilands steht ein Leuchtturm. Er ist Hamburgs ältestes Bauwerk, zu Zeiten der Hanse und Störtebekers als Wehrturm errichtet. Von hier oben aus hatte die bewaffnete Besatzung einen weiten Blick über das Meer und die Möglichkeit, sich nähernde Seeräuber mit warnenden Schüssen in die Flucht zu treiben. Auf einem hölzernen

Gerüst neben dem Turm brannte bis 1814 Tag und Nacht ein offenes Kohlenfeuer. Seit 1924 steht der Leuchtturm unter Denkmalschutz. Ein Sinnbild für die Verteidigung der Elbmündung, hilft er bis heute bei schlechter Sicht den Schiffen.

Man kann die Insel *Neuwerk* besuchen. Bei Niedrigwasser von Cuxhaven-Duhnen aus barfuß durch das Watt laufen. Dabei Tausende von Watt- und Wandervögeln beobachten und dem Ruf der Gänse lauschen. Sich an den Robben erfreuen, die auf ihren Sandbänken liegen. Für Gehunwillige ist die Pferdekutsche ein originelles Beförderungsmittel. Wäre der Untergrund fest, die Zweispänner mit den schweren Wagen würden schneller vorankommen. Doch der Meeresboden ist weich, teilweise verschlammt, manchmal von tiefen Rinnen, den Prielen, durchzogen. Nationalpark Hamburgisches Wattenmeer heißt dieses 13 750 Hektar große, beeindruckend schöne Naturschutzgebiet, aus dem sich eines der ältesten Leuchtfeuer des nordwestlichen Europa erhebt.

HAMBURGMUSEUM **11** ▸ *C4*
Holstenwall 24, Neustadt
www.hamburgmuseum.de
▸ U-Bahn: St. Pauli

INSEL NEUWERK
Nationalpark Hamburgisches Wattenmeer
www.nationalpark-wattenmeer.de
▸ Mit dem Zug stündlich vom Hauptbahnhof nach Cuxhaven, dann mit dem Bus nach Duhnen oder Sahlenburg (ca. 2 Std.)

STÖRTEBEKER-DENKMAL **28** ▸ *H6*
Brooktorkai/Osakaallee, Altstadt
▸ U-Bahn: Meßberg

MATTHIAS CLAUDIUS

1740–1815

Er kam als junger Journalist und Poet in das stille Wandsbek, weil ihm Hamburg zu hektisch war. Die idyllischen Wiesen und Wälder regten ihn zu dem berühmtesten Gedicht der Romantik an.

Ein beschaulicher Ort, das *»schönste romantische Dorf, das sein kann«*, so schwärmt ein Freund des Dichters, *»3/4 Stunden von Hamburg. Die Gegend ist ganz herrlich«*. Wann immer es das Wetter erlaubt, ist *Wandsbek* mit seinen 100 Häusern vor den Toren der Stadt das Ziel der Hamburger für ihre sonntäglichen Ausfahrten und Spaziergänge. Erst kürzlich hat *Heinrich Carl Freiherr von Schimmelmann* den zu Dänemark gehörenden Gutshof mit dem Dorf *Wandsbek* gekauft und anstelle einer alten Wasserburg ein großes Schloss bauen lassen. Ein prachtvoller Park mit baumgesäumten Alleen und zahlreichen Pavillons lädt Hamburgs Familien zum sonntäglichen Flanieren ein, und in den »Lusthäusern« können sich die Ausflügler *»bei Tanz und Musik des Lebens freuen und den Rost der durcharbeiteten Woche abschleifen«*.

Ganz im Geist der Aufklärung liegt dem Grafen das Gemeinwohl am Herzen. Aber die Bürger sollen sich nicht nur im Grünen tummeln und an der Schönheit der Natur ergötzen dürfen.

Der Dichter Matthias Claudius auf dem bekannten, von der befreundeten Malerin Friederike Leisching angefertigten Ölbild.

Er möchte auch etwas für ihre Bildung tun und ihr wachsendes Bedürfnis nach Lektüre stillen. So lässt Schimmelmann den »Wandsbecker Bothen« herausgeben, ein Blättchen, das vier Seiten hat und viermal in der Woche erscheint.

Mit der Redaktion betreut der Schlossherr einen jungen Pastorensohn, der aus dem holsteinischen Reinfeld stammt und sich gerade in *Wandsbek* niedergelassen hat: Matthias Claudius, 31,

Das Wohnhaus des Dichters: Er zog das Leben im idyllischen Wandsbek dem hektischen Treiben in der Stadt vor.

ein schon in jungen Jahren erfahrener Journalist und Lyriker, soll auf unterhaltsame, allgemein verständliche Weise über Neues aus Politik, Wissenschaft und Kultur berichten und darüber hinaus auch eigene Gedichte veröffentlichen.

Für den jungen Chefredakteur ist es kein Problem, namhafte Schriftsteller als Autoren für den »Bothen« zu finden. Aus seiner Zeit in Kopenhagen als Sekretär eines Grafen kennt er den deutschen Dichter *Friedrich Gottlieb Klopstock* und ist erfreut, als er berichten kann: *»Klopstock hab' ich gesprochen, er wird den Winter in Hamburg zubringen, der holdselige Großmeister, der.«*

Der Zufall will es, dass auch *Gotthold Ephraim Lessing* gerade in Hamburg ist und sich als Dramaturg für das Deutsche Nationaltheater engagiert. Claudius kann ihn ebenso als Schreiber für sein Blatt gewinnen wie den 27-jährigen *Johann Gottfried Herder*, der sich, aus Paris kommend, im Jahr 1770 vorübergehend an der

Elbe aufhält. »*Helfen Sie mir, das Wechselbalg zur Welt zu bringen*«, appelliert der Zeitungsmacher an die berühmten Kollegen: »*Ich wollte gerne, dass der gelehrte Artikel zwar nicht gerade besser wäre als in vielen anderen Zeitungen, aber etwas eigenes muss er haben und nicht so wie die andern sein.*«

Matthias Claudius kann sich freuen. »*Ich bin ein Bote und nicht mehr. Was man mir bringt, das bring ich her, gelehrte und politische Mär*«, hatte er zu Beginn seiner redaktionellen Arbeit angekündigt. Die Leute lesen sein Blatt gern, und 1772 beträgt die Auflage bereits 400 Exemplare.

ER IST GEGEN ZU VIEL GEFÜHLSSCHWÄRMEREI

Neu ist der lockere, humorvolle und dabei schlichte Schreibstil, der sich vom Ton der verbreiteten, aus England übernommenen »Moralischen Wochenschriften« wohltuend unterscheidet. Die Leser mögen vor allem Claudius' lustige Reime und feinsinnig-innige Lieder, haben Sinn für seine philosophischen und religiösen Betrachtungen und verfolgen mit Vergnügen den fingierten Briefwechsel zwischen Asmus, wie sich Claudius gerne nennt, und einem – erfundenen – Vetter Andres:

»*Du hast Recht, Vetter, es wird in diesen Jahren mit Empfindungen und Rührungen ein Unfug getrieben, dass sich ein ehrlicher Kerl fast schämen muss*«, mokiert er sich über die ästhetische »Salbaderei» im Zeitalter der Empfindsamkeit. »*Wahre Empfindungen sind eine Gabe Gottes und ein großer Reichtum, Geld und Ehre sind nichts gegen sie; und darum kann's einem Leid tun, wenn die Leute sich und andern was weismachen, dem Spinngewebe der Empfindelei nachlaufen und dadurch aller wahren Empfindung den Hals zuschnüren und Tür und Tor verriegeln.*«

Der »Wandsbecker Bothe«, den Claudius bald schon zu einer der bekannteren Zeitungen des 18. Jahrhunderts macht, genießt großes Ansehen, doch die Auflage bleibt gering. Als der Verkauf nachlässt und immer weniger Verdienst verspricht, verliert Claudius sein Interesse, wird schließlich entlassen, und die Zeitung muss nach vierjährigem Erscheinen ganz eingestellt werden.

Im März 1772 hatte Matthias Claudius die 14 Jahre jüngere *Anna Rebekka Behn* aus *Wandsbek* geheiratet, eine Tochter des örtlichen Zimmermanns. Nach dem Ende des »Bothen« hieß es nun, den Unterhalt für seine schnell wachsende Familie als freier Schriftsteller verdienen zu müssen. Das war schwer. Claudius wusste, dass ihm ein Leben in der Stadt bessere Arbeitsmöglichkeiten geboten hätte, abgesehen von den größeren geistigen Anregungen: *»Ihr Städter habt viel schönes Ding. Viel Schönes überall. Kredit und Geld und golden Ring. Und Bank und Börsensaal«*, reimt er, und wenn es auch bedeutet, dass er mit der Frau seines Herzens – zwölf Kinder werden dem Paar im Laufe der kommenden Jahre geboren – am Rande der Armut lebt, zieht der bescheidene und fromme Dichter doch das stille Glück im ländlichen Wandsbek dem in der Stadt vor. Geld, Bank und Börsensaal zählen nichts im Vergleich zu den Wundern, die er in der Natur erlebt, wenn sich der Nebel über Wiesen und Felder legt und der Mond über den Wäldern von *Wandsbek* aufgeht. 1778 dichtet Matthias Claudius sein berühmtes »Abendlied«:

»Der Mond ist aufgegangen
Die goldnen Sternlein prangen
Am Himmel hell und klar.
Der Wald steht schwarz und schweiget
Und aus den Wiesen steiget
Der weiße Nebel wunderbar.«

Generationen von Kindern hat das elterliche Summen des geliebten Mondliedes in den abendlichen Schlaf begleitet. Mehr

In der barocken St. Michaeliskirche wurde nach dem Krieg das berühmte »Abendlied« gesungen.

als 200 Jahre nach Matthias Claudius wurde es vom Dresdner Kreuzchor bei seinem ersten Konzert nach dem Krieg in der *St. Michaeliskirche* 27 *(‣ D 5)* in Hamburg gesungen.

Heute ist das einst so idyllische *Wandsbek* ein Stadtteil von Hamburg. Das Schloss wurde abgerissen, der Park parzelliert. Vom Wandsbeker Marktplatz, den die *Claudius-Skulptur »Der Ehrensprung«* von Bernd Stöcker ziert, ist es nicht weit bis zum alten Friedhof hinter der Christuskirche mit dem Grab des Dichters und seiner Frau Rebekka, auf dem zwei gusseiserne Kreuze mit vergoldeten Spitzen stehen. »Matthias Claudius 1740–1815« verkündet ferner ein Findling aus rötlichem Granit im Wandsbeker Gehölz. Ein Hut, eine Tasche und ein Wanderstab sind darauf umrisshaft eingemeißelt, zum Zeichen dafür, dass hier der »Wandsbecker Bothe« ruht. Kurz vor seinem Tod, während des für Hamburg schlimmsten Jahres Mai 1813 bis Mai 1814 unter französischer Okkupation, hatte Claudius das verwüstete *Wandsbek* verlassen und war in das Haus seiner Tochter *Caroline* am Jungfernstieg Ecke Große Bleichen geflohen. Carolines Mann *Friedrich Christoph Perthes*, Buchhändler und später auch Verleger, hatte seinen Laden am Ufer der Binnenalster und war für Hamburgs Dichter und Gelehrte ein magnetischer Anziehungspunkt.

Das Neue: Es gab Regale. Bei Perthes standen die Bücher – Goldschnitt, marmorierter Buchdeckel, Halbleinen, Fadenheftung – alphabetisch geordnet in Regalen und waren nicht zu unübersichtlichen Haufen gestapelt, wie bis dahin allgemein üblich. Stühle luden zum Sitzen ein, das war auch neu, ebenso wie das große Schaufenster, das den Passanten einen Blick auf die Bücher ermöglichte. Darunter auch die Gedichte seines Schwiegervaters Claudius und Abbildungen von Gemälden *Philipp Otto Runges*. Runge war ein enger Freund von Perthes und lebte ebenfalls in Hamburg. Berühmt ist Runges Gemälde »Die kleine Perthes«. Es zeigt die vierjährige Tochter von Caroline und Friedrich Perthes, eine Enkelin von Matthias Claudius.

HAMBURG WIRD ZUR PRESSEMETROPOLE

Als der Dichter, der sein Geld zuletzt als Bankrevisor verdiente, 1815 im Haus seiner Tochter am Jungfernstieg 22 starb, lebte sein Freund Friedrich Gottlieb Klopstock schon seit zwölf Jahren nicht mehr. Der »Sänger des Messias« war um 1770 in die Hansestadt gekommen, wo er mit Hamburger Patriziern rund um den erfolgreichen Kaufmann und Aufklärer *Georg Heinrich Sieveking* die Französische Revolution 1789 mit einem Fest an der Alster begeistert feierte und zu den Gründern einer Lesegesellschaft gehörte, in der ausschließlich Frauen die Lektüre bestimmten.

Klopstock liegt an der Südseite der Christianskirche im Stadtteil Altona begraben. Neben ihm seine aus Hamburg gebürtige

Frau Meta Moller, die bei der Geburt ihres Sohnes starb, gerade 30 Jahre alt. Es muss eine große Liebe gewesen sein zwischen dem Dichter und der Schriftstellerin, die für ihr Sprachtalent bekannt war und einen umfangreichen Briefwechsel hinterließ.

»Die Ufergegenden der Elbe sind wunderlieblich, besonders hinter Altona«, notierte Heinrich Heine Jahre später während eines Aufenthalts im Hause seines Onkels Salomon Heine nach einem Spaziergang zu dem Kirchfriedhof. *»Unfern liegt Klopstock begraben. Ich kenne keine Gegend, wo ein toter Sänger so gut begraben liegen kann wie dort. Wie oft hab' ich dein Grab besucht, Sänger des Messias, der du so rührend wahr die Leiden Jesu besungen.«*

Hamburg – schon früh ist die zu Claudius' Zeiten rund 100 000 Einwohner zählende Hansestadt nicht nur ökonomisches Zentrum im Norden, sondern auch so etwas wie die Pressemetropole der Nation. An der Elbe weht ein liberaleres Lüftchen, und seitdem auch der »gemeine Mann« Gefallen an der Zeitungslektüre gefunden hat, sieht man Hausangestellte und Arbeiter am frühen Morgen zusammenstehen, wie sie *»aufmerksam die für ihre Herren geholten Zeitungen lesen und diskutieren«*, so ein Chronist.

Was hatte sich der Journalist Matthias Claudius doch zum Ziel gesetzt, als er den »Wandsbecker Bothen« herausgab: *»Man muss den Menschen nur vernünftig ansprechen, und man wird sich wundern, wie er's begreift.«*

CLAUDIUS-GRAB
Hinter der Christuskirche
Schloßstraße 78, Wandsbek
▶ U-Bahn: Wandsbek Markt

CLAUDIUS-SKULPTUR »DER EHRENSPRUNG«
Wandsbeker Marktplatz, Wandsbek
▶ U-Bahn: Wandsbek Markt

JULIUS CAMPE

1792–1867

Er war mehr als nur ein Verleger. Er machte seinen Verlag zur Heimat der Andersdenkenden: für Literaten und Poeten, für Revolutionäre und Feuerköpfe. All das verkörperte sein Schützling Heinrich Heine.

Imposant, das Villenensemble mit einem Neubau als zusammenfassender Mitte, umgeben von uralten Bäumen, üppigen Rhododendren und hügeligen, zur Straße hin sanft abfallenden Rasenflächen. Hinter der exquisiten Adresse am Ufer der Außenalster in Hamburgs vornehmem Stadtteil Harvestehude verbirgt sich nicht die private Residenz irgendeines hanseatischen Kaufmanns. Hier hat der traditionsreiche Literaturverlag *Hoffmann und Campe* seinen Sitz. Alle Werke des großen Erzählers Siegfried Lenz sind bei HoCa erschienen, die Bücher von Doris Lessing, Carlos Fuentes und Lew Kopelew. »Ich fliege über dunkle Täler« von Maximilian Schell zählt ebenso zu den Bestsellern des Hauses wie Benjamin Leberts »Im Winter dein Herz« und »Ed King« von David Guterson.

Im Garten, vor dem Haupteingang, erinnert eine Gedenkplakette an *Heinrich Heine*. Der promovierte Jurist und rebellische Republikaner war Starautor des Hauses, entdeckt und unter dem Druck der preußischen Zensur gefördert von seinem Verleger

Der Hamburger Buchhändler und Verleger Julius Campe auf einem Holzschnitt aus dem Jahr 1856.

Julius Campe. Aber natürlich fing alles nicht am grünen Alsterufer an, sondern in der Nähe des alten Hamburger Rathauses.

Benjamin Gottlob Hoffmann hieß der Verleger und Buchhändler, der seit 1781 als einer der Ersten eine Buchhandlung in der Innenstadt führte. Dann kamen die Franzosen. Bis 1814 hielten Napoleons Truppen die Hansestadt besetzt, zwangen ihr eine Blockade gegen England auf. Das wirtschaftlich ruinierte Ham-

Die Hamburger Buchhandlung Hoffmann und Campe – hier auf einem Holzstich um 1800 – war ein Zentrum hanseatischer Kultur.

burg sah traurig aus. Der Hafen verödete, die Arbeitslosigkeit stieg, Hamburgs Patrioten reagierten mit Zorn, als an Stelle des hamburgischen Wappens der napoleonische Adler rückte.

Unter diesen bedrückenden Umständen hatte Hoffmann irgendwann die Freude an der Verlagsarbeit verloren. Welch' glückliche Fügung, als sich seine Tochter *Elise* in den Buchhändler *Franz August Gottlieb Campe* aus Braunschweig verliebte und ihn heiratete. Schwiegervater und Schwiegersohn legten ihre beiden Geschäfte zusammen – zur Buchhandlung *Hoffmann und Campe*.

Julius Campe kommt 1805 nach Hamburg, mit 13 Jahren. Als Lehrling im Buchladen seines Halbbruders August macht er sich gründlich mit dem Buchgeschäft vertraut. Militärdienst, zwei Jahre Italien und dann, zurück im Familienunternehmen, 1823 die Übernahme des gesamten Sortiments, das der kränkelnde August Gottlieb Campe an Julius verkauft. Julius Campe ist nun alleiniger

Inhaber des *Hoffmann und Campe Verlags.* Ein unabhängiger Geist, intellektuell hellwach und ein beschlagener Kaufmann. »*In seinen Augen liegt eine lauernde Schlauheit, die sich erst recht verräth, wenn er sich die Mühe gibt, durch Blick und Worte sich als treuherzigen so grundehrlichen, uneigennützigen Geschäftsmann darzustellen. Er ist dann so weich in seiner Sprache, in seinen Reden so milde, so theilnehmend, dass man irre werden könnte, wenn er uns selbst nicht davor bewahrte, denn es dauert nicht lange, so ist er wieder in seinem eigentlichen Fahrwasser: schmerzhaft und witzig, rücksichtslos, bissig. Jedenfalls ist er ein gewandter, umsichtiger Buchhändler, der sein Publikum, seine Zeit und seinen Vorteil sehr genau kennt.*«

Hoffmann von Fallersleben ist nur einer der zahlreichen Autoren, die bei *Hoffmann und Campe* publizieren. Alle wollen dort veröffentlichen. Unter der Ägide des temperamentvollen Verlegers, der meistens schwarz gekleidet ist und besonnen spricht, selbst wenn er innerlich vor Zorn bebt, wächst der Verlag. In seinem Haus, das sich zunehmend zu einem einflussreichen literarischen Zentrum entwickelt und bald weit über Hamburgs Grenzen hinaus berühmt ist, wird auch leidenschaftlich politisiert.

CAMPE – EIN GLEICHGESINNTER

Campe veröffentlicht bedeutende Namen. Aber vor allem ist er an den jungen, noch unbekannten Schriftstellern des »Jungen Deutschland» interessiert: Heinrich Heine und *Ludwig Börne, Friedrich Hebbel, Karl Gutzkow.* Diese jungen Liberalen, an Frankreichs revolutionären Vorbildern orientiert und publizistisch einflussreich – es ist die große Zeit des satirischen Feuilletons, der Flugschriften und Kampflieder –, opponieren gegen die restaurative Politik Preußens und gelten als staatsgefährdend. Bald hat es sich herumgesprochen, dass sie in Julius Campe einen

Gleichgesinnten an ihrer Seite haben, der sich mutig für sie engagiert und mithilfe ihrer Bücher gegen die verhasste Bürokratie und für ein zivilisiertes gesellschaftliches Miteinander kämpfen will. Die Publikationen des Verlags unterliegen der Zensur, er allein trägt die Verantwortung. Latent lauert die Gefahr des Verbots seiner Bücher, drohen ihm Geld- oder Gefängnisstrafen.

Heinrich Heine war im Sommer 1816 zum ersten Mal nach Hamburg gekommen. Hier lebte sein jüdischer Onkel Salomon Heine, Bankier und Mäzen, der neben seinem Stadtpalais einen Sommersitz an der Elbe besaß. Unter seiner Anleitung sollte der Neffe eine Banklehre machen. Aber den 19-Jährigen beschäftigte vielmehr die Liebe zu seiner Cousine Amalie als die Ausbildung im Rechnungswesen. Ein Leben als Kaufmann, das wusste er bald, würde nicht seine Sache sein. Onkel Salomon finanzierte daraufhin Heines Jurastudium in Bonn, Berlin und Göttingen, wo Heine schließlich promovierte. Im Jahr 1826 begegnen sich Julius Campe und Heinrich Heine zum ersten Mal persönlich:

»Mein erstes Zusammentreffen war folgendermaßen: ich stand in meinem Laden und verkaufte, da trat ein junger Mann herein und forderte Heine's Tragödien. Ich reichte ihm ein sauber gebundenes Exemplar. ›Ach, das ist mir lieb, dass das Buch gebunden ist.‹ Während er das Exemplar besah, ging ich nach der Seite, wo die Dichter aufgestellt waren, brachte ihm die Gedichte desselben Verfassers. ›Lieber Herr‹, fiel er mir hastig in das empfehlende Wort, ›die mag ich nicht – ich verachte sie!‹ – ›Wie‹, sagte ich, ›Sie verachten sie? dann haben Sie es mit mir zu thun!‹ – ›Lieber Herr, ich kenne sie besser als Sie, denn ich habe sie geschrieben!‹ – ›Nun, mein Herr Doctor, wenn Sie wieder einmal so etwas Werthloses produciren, und Sie haben gerade keinen besseren Verleger, so bringen Sie es mir und ich werde mir eine Ehre daraus machen, meine Firma darauf zu setzen.‹

Das Heinrich-Heine-Denkmal am Rathausmarkt. Heine war Autor bei Hoffmann und Campe.

Am anderen Tage kam Heine, bezog sich auf jenes Gespräch und sagte: ›Sie waren gestern so freundlich, sich zu meinem Verleger anzubieten, in der That habe ich etwas druckfertig ... Es sind Reisebilder, Harzreise, 77 Gedichte.‹ – ›Es ist gut: Sie geben mir ein Buch, auf dessen Titel Ihr Name steht, und das 25 Bogen ausfüllt. Wie viel Honorar nehmen Sie in Anspruch?‹ – ›30 Louisdor.‹ – ›Gut!‹ ... Seit diesem Tag war Heine jeden Tag in meinem Laden und wir wurden intime Freunde.«

Ein Abenteuer, diese Freundschaft zwischen dem hochmütigen Poeten und seinem streitbaren Verleger. Die Fetzen können fliegen, wenn Campe Honorarzahlungen hinausschiebt: *»Ich finde es so übel, so verdrießlich, dass Sie bei jedem neuen Artikel einen neuen Preis per Bogen bedingen ... Denken Sie daran, in Deutschland wird viel gelesen, aber wenig gekauft.«*

Woraufhin Heine seinen Unmut in freundliche, doch direkte Worte fasst: *»Von den großen Honorarerhöhungen, die für Sie zu befürchten standen, sollen Ihnen auch die Haare nicht grau werden. Ich habe nie daran gedacht, mir ein Vermögen zu erschreiben; wenn ich eben habe, was ich brauche, bin ich zufrieden. Knausereyen von Ihrer Seite führten immer dahin, dass ich mich lukrativeren Beschäftigungen hingeben musste. Sie handelten in dieser Hinsicht* *immer unpolitisch. Ich brauche dies Jahr noch 2000 Mark Banko, ich will sie von Ihnen haben.«*

Dann geht man Austern essen, im Nu sind alle Missverständnisse beseitigt, und Heine weiß, dass sein Verleger zu ihm hält, seine satirischen Schriften druckt, die Obrigkeit nicht fürchtet, auch die geforderten Honorare zahlt, wenn es denn sein muss.

»Ich aß und trank, mit gutem Appetit,
und dachte in meinem Gemüte:
der Campe ist ein wirklich großer Mann,
ist aller Verleger Blüte.
Ein anderer Verleger hätte mich
vielleicht verhungern lassen,
der aber gibt mir zu trinken sogar;
werde ihn niemals verlassen.«

Heine hat Hamburg oft besucht und immer wieder überlegt, sich als Advokat an der Elbe niederzulassen. Nach der Enttäuschung mit Amalie verliebte er sich in deren Schwester *Therese*, aber auch diese erwiderte Heines Avancen nicht, sondern heiratete einen Hamburger. Mit dem Poem »Schöne Wiege meiner Leiden« schrieb Heine sein Hamburg gewidmetes Abschiedsgedicht:

»Schöne Wiege meiner Leiden,
schönes Grabmal meiner Ruh,
Schöne Stadt, wir müssen scheiden, –
Lebe wohl! ruf' ich Dir zu.«

Auf dem Rathausmarkt erinnert das *Heinrich-Heine-Denkmal* **15** *(▸ G4)* an den Dichter. Er hatte ein gespaltenes Verhältnis zu »Hammonia«. Von keiner deutschen Stadt fühlte er sich so angezogen und abgestoßen zugleich, und wer sein Buch »Aus den Memoiren des Herren von Schnabelewopski« liest, hört ihn spotten über die Rolle von Börse und Bank, den kühlen Geschäftssinn der Kaufleute und die »wohlhabende Sinnlichkeit« der Hamburgerinnen. Heinrich Heine ging, in Deutschland verkannt, 1831 nach Paris.

In Hamburg setzte sich Julius Campe weiterhin für die Jungen ein, wie der große Verleger es selbst einmal formulierte: »*Die Jungen sind es allemal, denen die Zukunft gehört; indem ich mich ihnen anschloß, war ich sicher, immer dem Fortschritte treu zu bleiben.*« Und obgleich *Hoffmann und Campe* seine Produktion 1841 zwangsweise einstellen musste und der Große Brand von 1842 das Verlagsgebäude zerstörte, gelang es Campe, ein neues Haus in der Schauenburgstraße zu erwerben, das bis zur Jahrhundertwende Verlagssitz blieb, und an die früheren Erfolge anzuknüpfen.

Es war ein Triumph für ihn, als 1861 bis 1863 die erste rechtmäßige Gesamtausgabe Heinrich Heines bei *Hoffmann und Campe* erscheinen konnte. Julius Campe starb am 14. November 1867; er wurde zunächst auf dem *Friedhof von St. Petri* beigesetzt und später in die Familiengruft der Campes auf dem weitläufigen *Ohlsdorfer Friedhof* umgebettet. Ein tempelartiges Portal kennzeichnet die letzte Ruhestätte dieses großen Verlegers.

GRABMAL FAMILIE CAMPE
Ohlsdorfer Friedhof
Fuhlsbüttler Straße 756, Ohlsdorf
▶ U- und S-Bahn: Ohlsdorf

HEINRICH-HEINE-DENKMAL 15 ▶ *G4*
Rathausmarkt, Altstadt
▶ U-Bahn: Rathaus

HOFFMANN UND CAMPE VERLAG
Harvestehuder Weg 42, Harvestehude
www.hoffmann-und-campe.de
▶ U-Bahn: Hallerstraße oder Klosterstern

JOHAN CESAR VI. GODEFFROY

1813–1885

Der Reeder, Abkömmling französischer Einwanderer, ist eine herausragende Persönlichkeit in der langen Reihe großer Hamburger Kaufleute. Als »König der Südsee« schrieb er hanseatische Geschichte.

D*as Godeffroy'sche Landhaus im Hirschpark von Nienstedten an der Elbe«* heißt ein kleines Gemälde von *Max Liebermann*, das in der Hamburger Kunsthalle **10** *(▸ J3)* hängt. Er malte es 1902: Alte Linden und Rhododendron säumen den breiten Weg aus hellem Sand, der zu einem weißen Herrenhaus in streng klassizistischem Stil mit Säulenvorbau führt.

Die Reederfamilie Godeffroy ließ den stattlichen Sommersitz vor den Toren der Stadt als standesgemäße Ergänzung zum Wohn- und Kontorhaus am Hafen 1789 vom dänischen Architekten *Christian Frederik Hansen* bauen. Nach dem Vorbild englischer Landschaftsgärten wurde ein Park mit weitschweifigen Rasenflächen und einem Wildgehege angelegt. Als *Hirschpark* für die Öffentlichkeit zugänglich, gehört das Gelände heute zu den schönsten Oasen zwischen Altona und dem Villenvorort Blankenese. Im Kavaliershaus am nördlichen Ausgang lebte der Schriftsteller und Orgelbauer *Hans Henny Jahnn*. Eine Büste vor dem reetgedeckten Witthüs, in dem man sich bei Kaminfeuer und Tee

Zu den Handelsaktivitäten von Johan Cesar VI. Godeffroy kamen im Laufe der Zeit auch der Schiffsbau und die Reederei hinzu.

die berühmte Süßspeise »Qualle auf Sand« servieren lassen kann, erinnert an den eigenwilligen Hamburger Erzähler.

Als der junge *Jacques César III.* aus der hugenottischen Familie Godeffroy das heimatliche La Rochelle an der französischen Atlantikküste verlässt und sich 1737 als Weinhändler zwischen Alster und Elbe ansiedelt, weiß er, dass ihm die protestantische und weltoffene Kaufmannsstadt wirtschaftliche Aufstiegsmög-

Max Liebermanns »Das Godeffroy'sche Landhaus im Hirschpark von Nienstedten an der Elbe« hängt heute in der Kunsthalle.

lichkeiten, vor allem aber Religionsfreiheit garantiert. Denn seit der Aufhebung des Edikts von Nantes machen Frankreichs Katholiken ihren protestantischen Landsleuten das Leben wieder zur Hölle, und vielen bleibt nichts als die Emigration.

In der alten Familie Godeffroy ist es seit jeher Brauch, dass sich der Vorname vererbt und jeder Godeffroy vor seinem Familiennamen eine römische Zahl führt. Dem Vater folgt der Sohn. 1766 gründet *Jean César IV.* ein Handelshaus am Hafen. Aus dem französischen Jean César wird schnell Johan Cesar, und schon bald macht sein Unternehmen, das ab 1806 Godeffroy & Sohn heißt, ein Vermögen mit dem Überseehandel.

Frachter laufen aus, liefern schlesisches Leinen nach Spanien und kommen mit Zucker, Wein und Kaffee an die Elbe zurück. Das Rot der hamburgischen Flagge mit den drei weißen Türmen leuchtet weithin sichtbar auf den Meeren der Welt, während die

Godeffroys in ihrem Kontor am Alten Wandrahm in der *Speicherstadt* **24** *(▸ F 6/7)* weiter an den Netzen ihres Imperiums spinnen.

Die religiösen Außenseiter französischer Abstammung haben es geschafft. Als durchsetzungsfähige Geschäftsleute geschätzt, ist ihnen ihr Platz in der Hamburger Gesellschaft inzwischen sicher, die Godeffroys gehören nun genauso »dazu« wie die Sievekings und Schröders, die Slomans, Amsincks und die Lutteroths, große Kaufmanns- und Reederhäuser, die sehr gut verdienen, fürstlich leben und der Hansestadt im Laufe des Jahrhunderts ihr wirtschaftliches, politisches und kulturelles Profil geben.

DAS TOR ZUR WELT ÖFFNEN

Mit Johan Cesar VI. übernimmt nun ein Mann die Regie in der Reederdynastie, durch den ihr respektabler Ruf noch einmal eine Steigerung erfährt. Eine starke Persönlichkeit. Er sieht gut aus, tritt selbstbewusst auf, ist wagemutig, kühl, berechnend und liebt die schönen Dinge des Lebens. Unter Hamburgs Kaufleuten ist er unbestritten der herausragendste.

Getrieben vom Ehrgeiz, neue Märkte zu erschließen und die väterliche Firma zum umsatzstärksten Hamburger Handelshaus und zur flottenstärksten Reederei zu machen, will Johann Cesar VI. das Tor zur Welt immer weiter öffnen. Sein Bruder *Adolph*, Mitglied der Hamburger Bürgerschaft, arbeitet ihm von Havanna aus zu, sein Bruder *Gustav*, Senator und Abgeordneter der Nationalversammlung in der Frankfurter Paulskirche, ist für die Westküste Südamerikas zuständig, und *Alfred* sitzt in San Francisco.

Auf seinem feudalen Besitz an der Elbe pflegt Johan Cesar VI. einen Lebensstil, der an Repräsentationslust kaum zu übertreffen ist. Saalartig die Wohn- und Esszimmer im Erdgeschoss. Cremeweiß gestrichen die stuckverzierten Wände. Strahlend das Licht der kristallenen Lüster. Auf der Anrichte die feinsten Weine. Und wenn das Weihnachtsfest naht, wird der berühmte Stilton geliefert, Englands König der Käse.

Hamburgs Gesellschaft ist in diesen Jahrzehnten ganz vom »British way of life« geprägt. In der Hansestadt herrsche die »Anglomanie«, empören sich Kritiker, und ein Chronist schreibt entsetzt, in Hamburgs vornehmen Häusern spreche man englisch, sei englisch gekleidet, gähne englisch und fluche englisch. Reedertochter *Mary A. Sloman*, deren Familie einst aus dem englischen Norfolk nach Hamburg kam, erinnerte sich später an die angelsächsischen Einflüsse:

»Hamburg war seinerzeit, wie man scherzhaft sagte, eine Vorstadt Londons. Tatsächlich richtete das ganze Leben sich nach dieser Zentrale der Welt. Die Tageseinteilung war geregelt nach den Zeiten, in denen die englische Post einging. Man aß um siebeneinhalb Uhr abends zu Mittag. Die Anzüge der Herren wurden von den ersten Schneidern in London angefertigt. Möbel, Hauseinrichtungen, Gardinen, Chesterfield-Sofas kamen von Maple oder Liberty, das schwere Tischsilber von Mappin & Webb in der Regentstreet. Kinderkleider bezog man von Swears & Wells, und der erste Friseur Nicoll am Haymarket fabrizierte die fantastischen Locken! Und die Parfums! Die Marken von Atkinson in der Bondstreet schienen uns noch schöner zu duften als ›Coty‹ und ›d'Orsay‹.«

Um 1850 ist Hamburg der größte Hafen in Europa und Deutschlands größte Handelsmetropole. Noch beherrschen Großsegler und schnelle Klipper die Weltmeere, aber das Schiff der Zukunft wird der Dampfer sein. Unter dem Druck des Konkurrenzkampfes beschließt der Hamburger Reeder *Robert Miles Sloman*, Spezialist für den Liniendienst nach New York und stets im Wettbewerb mit Godeffroy, sich umzustellen und lässt in England einen Dampfer bauen. Am 29. Mai 1850 legt die »Helena Sloman« als erstes transatlantisches Eisenschiff unter deutscher Flagge in Hamburg ab.

Die historische Hamburger Speicherstadt am Hafen. Sie ist die Keimzelle des Handels und Wandels in der Hansestadt.

Die Passagiere, deutsche Auswanderer, treffen vier Wochen später in New York ein. Gemessen an der durchschnittlichen Dauer der Segelschiffsreisen von 50 Tagen eine Sensation.

Gegenüber der *Speicherstadt*, am Baumwall, steht das denkmalgeschützte *Slomanhaus* **23** *(▸ E6)*, mit einem sehenswerten Treppenhaus im Art-déco-Stil. Auf dem Dach des roten Klinkerbaus weht die Reedereiflagge mit der weißen Wappenburg auf blauem Grund. Martin Haller war der Architekt. Später wurde das Gebäude von Fritz Höger erweitert, den die Reederei auch mit dem Bau des berühmten *Chilehaus* **3** *(▸ H5)* beauftragte.

Mit dem Transport von Auswanderern nach Amerika und Australien machen Hamburgs Reedereien Riesenumsätze. Aber zu wirklichem Ruhm kommt Johan Cesar VI. Godeffroy erst, als er die Südsee erobert und dort ein ganzes Handelsimperium aufbaut. Von Samoa aus fahren seine Schiffe die Fidschi- und Tongainseln an, laden Kokosnüsse, Reis, Vanille und Tabak und erreichen schließlich das Inselreich Polynesien, Regionen, die weder Briten noch Franzosen bisher kolonialisiert haben. Der »König der Südsee« kauft große Ländereien und lässt Plantagen anlegen.

Die fernen Inseln entpuppen sich auch als naturwissenschaftliche Fundgrube. Godeffroy investiert einen Großteil seiner Gewinne in zahlreiche Forschungsprojekte. Für Monate, oft Jahre schickt er Wissenschaftler in die Südsee. Exotische Pflanzen und seltenes Getier werden auf seine Großsegler verfrachtet und gehen zu Studien- und Ausstellungszwecken auf die Reise nach Hamburg. In seinem Speicher Am Wandrahm lässt der Reeder das *Museum Godeffroy* einrichten.

IN DEN KONKURS GETRIEBEN

Doch je umfangreicher die Flotte des weltweit agierenden Reeders wird, je häufiger seine Schiffe unterwegs in die entfernten Südseeregionen sind und je länger sich Godeffroys Leute dort etablieren, desto größer wird überall das Misstrauen. Godeffroys Schifffahrts- und Handelsunternehmen ist der englischen, amerikanischen und auch deutschen Konkurrenz weit überlegen. Immer mehr empören sich besonders die Briten über den »skrupellosen Nimmersatt der Südsee« und tun alles, um seiner Reputation zu schaden.

Derweil entwickeln sich die Dinge für das Haus Godeffroy aufgrund konjunktureller Rückgänge katastrophal. Unvorstellbar, dass dem Seniorchef, der noch wenige Jahre zuvor ein Fest gab, zu dem er die Gäste in prächtig ausstaffierten Schlitten mit livrierter Dienerschaft auf der zugefrorenen Elbe in sein Landhaus bringen ließ, nun die notwendigen Mittel fehlen, den Finanzierungsbedarf seines Hauses zu decken. Es ist ein schwerer Gang für ihn: Am 1. Dezember 1879 muss die Reederei Joh. Ces. Godeffroy & Sohn einen Vergleichsantrag stellen. Kurz darauf wird das Konkursverfahren eröffnet. Johan Cesar VI. Godeffroy wurde kaum 70 Jahre alt. Trotz seines finanziellen Ruins soll die betagte Unternehmerlegende einem jungen Mitglied der Familie erklärt haben: *»Ich bereue auch nicht einen Pfennig, den ich ausgegeben habe.«*

An schönen Tagen leuchtet ein pastellgelbes Anwesen an der Außenalster besonders hell im Kontrast zum Wasser. Es ist das Haus des *Hamburger und Germania Ruderclubs* **5** *(▸ G1/2)*, der 1836 von Johan Cesar VI. Godeffroy mitgegründet wurde – der älteste Wassersportverein Deutschlands. Die Mitglieder dieses ebenso exklusiven wie traditionsreichen Clubs sehen in der großen hanseatischen Vergangenheit, die von Godeffroy mitgestaltet wurde, eine Verpflichtung für die Zukunft.

CHILEHAUS **3** ▶ *H5*
Burchardplatz, Altstadt
▶ U-Bahn: Meßberg

DER HAMBURGER UND GERMANIA RUDERCLUB **5** ▶ *G1/2*
Alsterufer 21, Rotherbaum
www.der-club.de
▶ S-Bahn: Dammtor

HIRSCHPARK
Elbchaussee 499, Blankenese
▶ S-Bahn: Blankenese

SLOMANHAUS **23** ▶ *E6*
Baumwall, Altstadt
▶ U-Bahn: Baumwall

SPEICHERSTADT **24** ▶ *F6/7*
Altstadt
www.speicherstadt.de
▶ U-Bahn: Meßberg

JOHANNES BRAHMS

1833–1897

Der große Komponist und Pianist eroberte von Hamburg aus die Welt der Musik. Seine Karriere führte ihn durch ganz Europa und schließlich nach Wien, weil der Ruf an die Elbe für immer ausblieb.

Diese Düsternis! Ein Fachwerkhaus dicht an das andere gebaut, schmal und mehrstöckig, die einzelnen Wohnungen nur über enge Gassen, Gänge und verwinkelte Hinterhöfe zu erreichen. Im Hamburger *Gängeviertel* leben vorwiegend arme Leute. Doch Vater Brahms, gebürtig aus Heide in Holstein und seit 1830 Bürger der Stadt, ist froh, dass er mit seiner 17 Jahre älteren Frau *Johanna Christiane* eine Bleibe gefunden hat. Wenn auch bescheiden, so doch behaglich und vor allem bezahlbar. *Johann Jacob Brahms* ist Musiker. Ein ungewöhnlicher Beruf für jemanden, der in einer Händler- und Handwerkerfamilie groß geworden ist. Früh, schon mit 19, ist dem jungen Mann der Sprung nach Hamburg gelungen. Dort spielt er als Hornist beim Hamburger Bürgermilitär. Eine Stelle als Kontrabassist im beliebten Sextett des Alsterpavillons schließt sich an, und im Vereinigten Städtischen Tanzorchester ist er auch mit dabei. Zunehmend verbessert sich seine finanzielle Situation. Und immer, wenn ein bisschen mehr Geld im Portemonnaie ist, wechselt Familie

Der Komponist und Pianist Johannes Brahms, ein gebürtiger Hamburger, auf einer Fotografie von 1892.

Brahms die Wohnung. Innerhalb eines Zeitraums von 20 Jahren insgesamt achtmal. Sohn Johannes, das zweite Kind von Johann Jacob Brahms und seiner Frau Christiane, wird noch im Specksgang geboren, in einer Wohnung mit winzigen Kämmerchen. Es ist der 7. Mai 1833.

Das Geburtshaus ist im Krieg abgebrannt, aber in der nahe gelegenen Peterstraße gibt es ein *Brahms-Museum* **2** *(‣ D4)*. Das

Das Brahms-Museum in der Peterstraße. Ganz in der Nähe stand das Geburtshaus des Komponisten. Es wurde im Krieg zerstört.

Barockhaus mit den liebevoll restaurierten Zimmerchen steht unter Denkmalschutz. Über zwei Etagen verteilen sich Vitrinen mit Fotos, Briefen und Notenhandschriften des berühmten Komponisten, der seine Karriere in Hamburg begann und seine letzten Jahre in Wien verbrachte.

Einschulung im Alter von sechs Jahren, anschließend der Besuch einer Privatschule für Jungen. Seit frühester Kindheit bekommt Johannes Brahms Musikunterricht von seinem Vater. Horn, Violine, Violoncello. Der eher schmächtig wirkende, schüchterne Knabe ist begabt. Doch Begabung hin oder her, es geht darum, den Lebensunterhalt zu verdienen, und für den Vater kommt gar nichts anderes in Frage, als dass sein Sohn Musiker wird und von der Pike auf das Handwerk lernt, das auch er gelernt hat. Mit sieben bekommt Johannes Klavierunterricht bei *Otto F. W. Cossel*, drei Jahre später, 1843, gibt er sein erstes eigenes Konzert. Schüch-

tern? Ja, schon. Aber er hat Übung darin, vor Publikum aufzutreten, schließlich nimmt ihn der Vater häufig zum gemeinsamen Musizieren in die Tanzpaläste mit.
Die Entwicklung des Klavierschülers zu einem vorzüglichen Pianisten ist nicht anders als rasant zu bezeichnen. Ein *»außergewöhnliches Talent zum Heil und Segen der Kunst«* bescheinigt sein Lehrer *Eduard Marxsen* dem häufig kränkelnden Brahms. Mit 15 der erste öffentliche Auftritt als Komponist, im Alter von 20 Jahren zusammen mit dem ungarischen Geiger *Eduard Reményi* die ersten Konzerte außerhalb Hamburgs. In Weimar wird Brahms herzlich von *Franz Liszt* empfangen, Kapellmeister am Hof, und schließlich von *Robert* und *Clara Schumann* in ihrem Haus in Düsseldorf.

EIN JUNGES GENIE WÄCHST HERAN

»Es ist hier ein junger Mann erschienen, der uns mit seiner wunderbaren Musik auf das allertiefste ergriffen hat und, wie ich überzeugt bin, die größte Bewegung in der musikalischen Welt hervorrufen wird«, begeistert sich Robert Schumann und formuliert sein spontanes Engagement für das musikalische Genie aus Norddeutschland noch euphorischer in der »Neuen Zeitschrift für Musik« am 28. Oktober 1853: *»Er heißt Johannes Brahms, kam von Hamburg, dort in dunkler Stille schaffend … Er trug, auch im Äußeren, alle Anzeichen an sich, die uns ankündigen: das ist ein Berufener. Am Klavier sitzend, fing er an wunderbare Regionen zu enthüllen. Wir wurden in immer zauberischere Kreise hineingezogen. Dazu kam ein ganz geniales Spiel, das aus dem Klavier ein Orchester von wehklagenden und laut jubelnden Stimmen machte.«*

Was für eine Lobeshymne! Über Nacht spricht alle Welt nur noch von Brahms. Der 20-Jährige ist beglückt über die außergewöhnliche Herzlichkeit von Robert und Clara Schumann. Auf

Anhieb fühlt er sich wie verzaubert von dieser Frau, die Mitte 30 ist, sechs Kinder hat, ihr siebtes gerade erwartet, als Konzertpianistin europaweit zu Ruhm gekommen ist und sich mit bewundernswürdiger Hingabe um ihren kranken Mann kümmert.

Am 27. Februar 1854 sorgt eine bestürzende Nachricht für allgemeines Erschüttern: Robert Schumann hat sich in den Rhein gestürzt. Man hat ihn lebend aus dem Wasser geholt, jetzt befindet er sich in einer Nervenheilanstalt bei Bonn.

Drei Monate darauf bringt Clara Schumann den Sohn Felix zur Welt. »*Clara, liebe Clara, endlich heute ein Brief von Ihnen, ich habe lange darauf gehofft … Ich werde immer freudiger und ruhiger in meiner Liebe zu Ihnen, ich entbehre Sie jedes Mal mehr, aber ich sehne mich fast freudig nach Ihnen*«, schreibt der junge Brahms am 19. August 1855 an Clara Schumann. Und in einem Brief vom 4. Dezember gibt er unumwunden zu: »*Jedes Wort reut mich, das ich an Sie schreibe und das nicht von Liebe spricht.*«

Anfang Juli 1856 war Clara Schumann von ihrer Konzertreise aus London zurückgekommen. Brahms hatte sie in Antwerpen empfangen, und sie reisten gemeinsam zurück nach Düsseldorf, wo eine dringende Nachricht auf Clara wartete. Schumann liege im Sterben und sie, Clara, solle unverzüglich kommen. Clara Schumann setzte sich in den Zug, Johannes Brahms begleitete sie in die Klinik. »*Sie sah ihn noch Sonntag, Montag und Dienstag früh. Den Nachmittag um vier starb er*«, schrieb Brahms nach Schumanns Tod Ende Juli 1856.

Vor dem Hintergrund dieses Erlebnisses war eine Trennung von Clara der einzig mögliche Schritt für Brahms. Zu sehr verehrte er den verstorbenen Freund, zu stark würde Schumanns Schatten über einem Leben mit Clara liegen. Und war es nicht auch an der Zeit, sich aus der Bindung zu der geliebten Frau zu befreien, um wieder mehr Zeit zum Komponieren zu haben, Kon-

Das Gängeviertel in der Altstadt. Hier lebten die armen Leute und auch Johannes Brahms mit seinen Eltern.

zerte zu geben und an seiner Karriere zu arbeiten? »Ich glaube wirklich, liebe Clara, ich wachse«, schrieb er der Freundin 1859 aus Hamburg, sich seiner künstlerischen Fortschritte sicher. Und Clara Schumann notierte unter November/Dezember 1861 in ihr Tagebuch:

»Probe von Johannes G-Moll-Quartett. Den 16. November. Soiree von mir. Ich war furchtbar nervös ... Am 3. spielte ich Johannes D-Moll-Konzert unter seiner Direction im philharmonischen Concert; ich war die froheste im ganzen Saal, denn obgleich die Anstrengung groß war und nicht weniger die Angst, so überwog die Freude an dem Werke und dass er es selbst dirigierte, alles Andere, auch sogar das dumme Publikum ärgerte mich nicht – es verstand eben gar nichts und fühlte auch nichts, sonst hätte es doch mindestens gehörigen Respect zeigen müssen, dem Componisten als Zeichen seiner Teilnahme wenigstens geben zu müssen – er ist doch

ein Stadtkind.« Clara Schumann und Johannes Brahms bleiben ein Leben lang enge Freunde.

»Ich bin ganz Hamburger.« Eine Notiz von Brahms. In Blankenese schreibt er den »Rinaldo« op. 50, gibt Klavierunterricht, komponiert Lieder und Kammermusik, konzertiert. 1863 erreicht ihn dort das Angebot aus Wien, Leiter der Wiener Singakademie zu werden. Brahms nimmt dankend an, es wird ja kein endgültiger Abschied von seiner Vaterstadt sein. Denn er kann ja insgeheim immer noch darauf hoffen, dass ihm demnächst die Leitung der Hamburger Philharmonischen Konzerte übertragen wird.

DER RUF AUS HAMBURG ERFOLGT NIE

Aber Hamburg, in kulturellen Fragen ungewöhnlich kurzsichtig, denkt gar nicht daran, den Sohn der Stadt bei der Vergabe des Dirigentenpostens zu berücksichtigen. Seine Enttäuschung hat Brahms nie ganz verwinden können. Rückblickend hält er fest: *»Es ist nicht vieles, was ich mir so lange und so lebhaft gewünscht hatte seinerzeit – das heißt aber zur rechten Zeit! Es hat auch lange gewährt, bis ich mich an den Gedanken gewöhnte, andere Wege gehen zu wollen.«*

Von Wien aus führte der Weg 1865 noch einmal kurz zurück nach Hamburg, an das Totenbett der Mutter. Brahms komponierte sein »Deutsches Requiem« op. 45. Wenn dieses gewaltige Chor- und Orchesterwerk alljährlich im November in der Kirche *St. Michaelis* **27** *(▸ D 5)* aufgeführt wird, wo Brahms getauft und konfirmiert wurde, ist Hamburgs Hauptkirche bis auf den letzten Platz besetzt.

Brahms in Zürich, Leipzig, Breslau und Bad Ischl. Am Thuner See schreibt er neben den Cello-Sonaten op. 99 und den Violin-Sonaten op. 100 und op. 108 das Doppelkonzert für Violine und Cello a-Moll op. 102. Eine späte Liebe regt ihn noch zu neuen Liedern an; Adressatin ist die junge Sängerin Hermine Spies:

»Wie Melodien zieht es
Mir leise durch den Sinn,
Wie Frühlingsblumen blüht es,
Und schwebt wie Duft darin.«

Im Brahms-Foyer des Hamburger Konzerthauses *Laeiszhalle* **19** *(▸ D3)* erinnert das überlebensgroße Denkmal von Max Klinger an den großen Komponisten. Brahms hing sein Leben lang an Hamburg und soll mit seiner »Verbannung« gehadert haben: *»Wie selten findet sich für unsereinen eine bleibende Stätte, wie gern hätte ich sie in der Vaterstadt gefunden.«* Seine Ernennung zum Ehrenbürger Hamburgs zwei Jahrzehnte nach seinem Fortgang nahm der 56-Jährige aus der Ferne dennoch dankbar an: *»Wie den Künstler ein so übergroßes Zeichen der Anerkennung, so beglückt den Menschen das herrliche Gefühl, sich in seiner Vaterstadt so hoch geachtet und geliebt zu wissen. Ein doppelt stolzes Glück, wenn diese Vaterstadt unser schönes, altehrwürdiges Hamburg ist.«*

Der Wunsch nach einer Rückkehr war ihm nicht vergönnt. Er starb am 3. April 1897 hochgeehrt und bewundert in Wien. Sein Ehrengrab befindet sich auf dem Wiener Zentralfriedhof.

BRAHMS-MUSEUM **2** ▶ *D4*
Peterstraße 39, Altstadt
www.brahms-hamburg.de
▶ U-Bahn: St. Pauli

LAEISZHALLE **19** ▶ *D3*
Johannes-Brahms-Platz, Neustadt
▶ U-Bahn: Gänsemarkt

ST. MICHAELIS **27** ▶ *D5*
Krayenkamp 4c, Altstadt
▶ S- und U-Bahn: Landungsbrücken

CARL HAGENBECK

1844–1913

Alles begann mit sechs Seehunden. Dann wurden es immer mehr Tiere, Menschen, Sensationen. Und 1910 eröffnete er auf einer grünen Wiese in Hamburg den ersten gitterfreien Zoo der Welt.

Das Gold seiner überkronten Stoßzähne glänzte in der Nachmittagssonne, aus melancholischen Elefantenaugen fiel sein Blick auf die Besucher jenseits des breiten Wassergrabens, und der erhobene Rüssel gab zu verstehen, dass ihm ein Apfel oder eine Handvoll Blätter jetzt gut schmecken würden. Seine würdevolle Körpersprache ist mittlerweile Legende. Im Sommer 2012 starb der 40 Jahre alte Hussein, in *Hagenbecks Tierpark* herrschte Trauer. Dort liebte man den mächtigen Elefantenbullen für sein umgängliches Wesen, und die Pfleger lobten seine Friedfertigkeit selbst bei der Morgentoilette.

Aus Asien gebürtig und als Arbeitselefant in einem indischen Elefantencamp ausgebildet, war Hussein in jungen Jahren nach Hamburg gekommen. An Schwerstarbeit gewöhnt, hatte er es zwischen den Tempelruinen in seinem neuen Zuhause vergleichsweise gut: War ihm draußen zu kalt, konnte er sich zu seinen »Kollegen« im warmen Bullenhaus gesellen; wollte er eine Abkühlung, den Wassergraben als Badebecken nutzen; hatte er Paarungslust,

Durch die Einführung gitterloser Gehege revolutionierte und beeinflusste Carl Hagenbeck die Zooarchitektur weltweit.

war mit Mogli, Thura oder Rani eine Kuh gefunden, mit der er sich ins Hochzeitsgehege zurückziehen konnte.

Hussein hat sich als Vater von insgesamt 14 Kindern einen Namen gemacht – das jüngste, Sohn Assam, ist 2012 geboren – und für eine bemerkenswert große Herde gesorgt. Die Zucht asiatischer Elefanten wurde unter Hussein zu einer Erfolgsgeschichte des Tierparks.

Das berühmte Elefantengehege des Tierparks Hagenbeck. Sein Gründer hatte die geniale Idee von einem Zoo ohne Zäune.

»Wir gehen zu Hagenbeck«, sagen die Hamburger seit Generationen, wenn sie sich mit Kind und Kegel in den weltberühmten Zoologischen Garten aufmachen, der im nördlichen Stellingen liegt. Schon von der Straße weist die Giraffen-Mensch-Skulptur des Bildhauers Stephan Balkenhol zum Eingang in das exotische Wunderland mit seinen nahezu 2000 Tieren, einem reizvollen Parkgelände und ungewöhnlichen Landschaftspanoramen.

Mythos Hagenbeck. Alles begann mit sechs Seehunden. Ein paar Fischer aus Finkenwerder brachten sie eines Tages mit in den Hafen, und als der Fischhändler *Gottfried Claes Carl Hagenbeck* den »Beifang« sah, war seine neue Geschäftsidee umgehend geboren: Am 8. März 1848 stellte er die Tiere auf dem *Spielbudenplatz* im Stadtteil St. Pauli gegen Eintrittsgeld zur Schau. Der Laden lief, die Leute waren begeistert, und Hagenbeck begann mit dem Verkauf seiner Tiere. Als sein ältester Sohn Carl mit 15 Jahren in die väterliche »Carl Hagenbecks Handels-Menagerie« einstieg, reisten bald die ersten Seehunde in die Zoos von Köln und Berlin.

Aber Carl wollte sich mit dem Verkauf von Meerestieren nicht lange begnügen. »Fix oder nix«, sagte sich der energische 21-Jährige und baute den ererbten Laden seines Vaters ab 1866 zu einem Tiergroßhandel mit Tierschauen aus. Das gab es in dieser Größe bisher in ganz Deutschland nicht. Tiere wurden weltweit gefangen und auf Expeditionen von Übersee nach Hamburg gebracht.

SEINE TIERSCHAU BEGEISTERTE DIE ZUSCHAUER

Hagenbecks Betrieb lief so gut, dass er sich nach größeren Räumen umsehen musste. Am Neuen Pferdemarkt nahe der Reeperbahn öffnete der Hamburger Tierhändler 1874 »Hagenbeck's Thierpark« und, geschäftstüchtig wie er war, als zweites Standbein 13 Jahre später »Carl Hagenbecks Internationaler Circus und Singhalesen-Karawane« auf dem Hamburger Heiligengeistfeld. Eine Sensation, als der Zoo-Gründer seinem Publikum in einer »anthropologisch-zoologischen Ausstellung« nicht nur Tiere aus fernen Ländern, sondern auch exotisch anmutende Menschen anderer Kontinente präsentierte. Samische Nomaden, die einen Transport von Rentieren nach Hamburg begleitet hatten, saßen in heimischer Tracht vor ihren Zelten, und die Frauen stillten ihre Kinder.

Die Völkerschau ist von nun an Carl Hagenbecks große Nummer. Sioux-Indianer, Singhalesen und »Lippen-Neger« führen ihre Rituale vor. Wer im Deutschland der Kaiserzeit wäre nicht neugierig, die »wilden« Menschen aus den Kolonien in Afrika und der Südsee zu erleben. Millionen strömen zu den Schauen und lesen »Carl Hagenbeck's illustrierte Tier- und Menschenwelt«. Bald wird der Zoo-Besitzer zu Deutschlands erfolgreichstem Völkerschau-Veranstalter. Mithilfe von Agenten, Werbern und Schiffskapitänen organisiert der Hamburger bis 1931 mehr als 60 Schauen, die durch Europa touren. 1880 passiert ein großes Unglück. Während einer Tournee nach Berlin, Prag, Frankfurt und Paris erkranken Eskimos an Pocken, weil man es versäumt hatte, sie zu impfen. Acht Erwachsene und Kinder sterben nach wenigen Wochen. Carl Hagenbeck ist entsetzt und schreibt an seinen norwegischen Agenten: *»Sie können sich wohl denken, wie mir zumute ist … Die Eskimo-Sachen lassen Sie nur alle verbrennen, und was die Sammlung betrifft, so will ich sie nicht nach Hamburg haben, denn ich will nichts mehr von Eskimo-Sachen sehen.«*

Schon lange träumt der Zoodirektor von einem Park mit weitläufigen gitterlosen Gehegen in einer natürlichen Umgebung. Seine Tiere sollen sich endlich unter freiem Himmel annähernd artgerecht bewegen können, die Zeit der Käfige und Raubtierhäuser soll endgültig vorbei sein. Angeregt durch fotografische Abbildungen und vermutlich auch Unterlagen aus Hamburgs *Museum für Völkerkunde*, lässt Carl Hagenbeck naturnahe Landschaftspanoramen entwerfen und verwirklicht sie auf einem mehr als zwei Dutzend Hektar großen Gelände, das er nördlich von Hamburg erwirbt: In dem künstlich geschaffenen Teich des felsigen Afrikapanoramas sollen sich rosa Flamingos spiegeln, Wassergräben und unsichtbare Zäune Zebras und Strauße in der trockenen Steppe vor Löwen und Tigern schützen, in einem japanischen Inselgarten mit Brückchen und rot lackiertem Tempeltor exotische Pflanzen und Ginkgobäume wachsen.

Am 7. Mai 1907 eröffnet Carl Hagenbeck in Hamburg-Stellingen den ersten Tierpark der Welt mit Freisichtgehegen ohne Gitter: *»Carl Hagenbecks Zoologisches Paradies – Zoologischer Garten der Zukunft«*. Das Publikum kann nur staunen und wird noch lange den plötzlichen Sprung eines Leoparden oder Löwen über das Wasser fürchten. Hingegen ist bald klar, wer zu seinen

Lovis Corinth porträtierte 1911 Carl Hagenbeck mit seinem Walross Pallas für die Hamburger Kunsthalle.

Lieblingen zählt. Der Walrossbulle Pallas hat die Herzen der Hanseaten im Sturm erobert.

»Porträt Carl Hagenbeck mit dem Walroß Pallas« lautet der Titel eines großformatigen Gemäldes in der Kunsthalle **10** *(▸ J3)*. *Lovis Corinth* malte es im Oktober 1911 im Auftrag von *Alfred Lichtwark* für das Museum. *»Das denke ich mir nun geradezu großartig: den alten Hagenbeck mit zahmen Viechern und Neger oder sonstigen schwarzen Leuten«*, notiert Corinth. Doch Hagenbeck möchte sich nicht mit farbigen Tierpflegern, sondern an der Seite des Publikumslieblings Pallas porträtieren lassen. *»Da der Herbst da ist, und wegen des Wetters keine rechte Sicherheit, so gilt es schnell und bestimmt zu malen. Das ist mir so das liebste Schaffen«*, berichtet Corinth dem Museumsmann. *»Herr Hagenbeck sitzt sehr gut und bewundert das schnelle Zustandekommen des Bildes. Alle möglichen Bequemlichkeiten lässt er mir angedeihen.«*

Das Gemälde entstand direkt im Tierpark und wurde von Corinth wahrscheinlich im Stehen gemalt: In Mantel, weißem Hemd und Hut steht der 67-jährige Zoodirektor am Robbenbecken, die rechte Hand als Zeichen seiner Liebe zu dem Riesentier mit dem borstigen Schnauzbart auf dessen breitem Nacken, die linke auf einen Spazierstock gestützt. Im Hintergrund tummeln sich Eisbären in einem bizarren Felsgebirge.

HAT EIN LÖWE SEIN LEBEN GERETTET?

Der Tierpark floriert, aber seinem Direktor geht es zunehmend schlecht. Ein Blumenstrauß von Kaiser Wilhelm erreicht ihn noch am Krankenbett, bevor Carl Hagenbeck im April 1913 stirbt und seine beiden Söhne den Betrieb übernehmen. Zur Beisetzung des populären Mannes auf dem Friedhof Ohlsdorf erschien damals die halbe Stadt. Die Trauerzeremonie glich einem Staatsakt. Auf Hagenbecks Grab liegt ein stattlicher Löwe vor einem efeubewachsenen Gedenkstein. Er ist Triest nachgebildet, jenem Löwen, der seinem Herrn, so will es die Legende, einst das Leben rettete. Regelmäßig ging er ins Freigehege, um sich eine Gruppe dressierter Löwen und Tiger anzuschauen. Als er eines Tages auf dem Gelände stürzte, griff ihn eine der Raubkatzen an – worauf Triest die Gefahr erkannte und beherzt dazwischen sprang.

Schlimmer als der Erste trifft der Zweite Weltkrieg Hagenbecks Anlage. Beim Großangriff der Alliierten auf die Stadt 1943 wird auch der Tierpark in Schutt und Asche gelegt. 450 Tiere und neun Mitarbeiter kommen ums Leben. Bei der Beseitigung der Trümmer helfen indische Elefanten, und erst in den 50er-Jahren können die Gehege allmählich wieder aufgebaut werden.

Häufig liegen bei den Hagenbecks die Nerven blank. Mal droht Deutschlands einzigem privat geführten Zoo die Maul- und Klauenseuche, mal die Vogelgrippe, dann ist das Wetter schlecht, gefährden finanzielle Nöte die Existenz des Unternehmens. Als der Tümmler Sindbad bei einer Vorführung 1992 im Delfinarium stirbt, protestieren Tierschützer und fordern die Schließung. Der Bau wird abgerissen, an seiner Stelle steht jetzt das Tropen-Aquarium. Zwischen üppig wuchernden Pflanzen führen verschlungene Pfade auf Tausenden von Quadratmetern zu Krokodilen und Haien, Schlangen und Fliegenden Hunden.

Anfang Juli 2012 wird das Eismeer eröffnet. Der Weg durch die Polarwelt ist fast einen Kilometer lang. Hier leben Eisbären, Pinguine und Papageientaucher, die man durch Acrylscheiben auch unter Wasser beobachten kann. Wie die junge Walrossdame Neseyka, die aus Russland stammt und Nachfolgerin von Antje ist – jenem jahrzehntelangen NDR-Maskottchen, das sogar Mundharmonika spielen konnte.

Schon verspricht Neseyka der neue Publikumsmagnet von Hagenbecks Tierpark zu werden. In Gedanken an Pallas würde es den Tierparkgründer freuen.

HAGENBECK-GRAB
Ohlsdorfer Friedhof
Fuhlsbüttler Straße 756, Ohlsdorf
www.friedhof-hamburg.de
▶ U- und S-Bahn: Ohlsdorf

HAGENBECKS TIERPARK
Lokstedter Grenzstraße 2, Stellingen
www.hagenbeck.de
▶ U-Bahn: Hagenbecks Tierpark

MUSEUM FÜR VÖLKERKUNDE HAMBURG
Rothenbaumchaussee 64, Rotherbaum
www.voelkerkundemuseum.com
▶ U-Bahn: Hallerstraße

ALFRED LICHTWARK

1852–1914

»Der Typus des modernen Deutschen... sieht schlecht mit dem äußeren Auge und mit der Seele überhaupt nicht«, sagte der erste Direktor der Kunsthalle – und prägte die Kunststadt Hamburg wie kein Zweiter.

Ein passionierter Schreiber. Seine Korrespondenzen mit Ausstellungsmachern, Kommissionen, Freunden und Familie füllen Bücher. Alfred Lichtwark notiert akribisch, was er denkt, plant, was er während seiner zahlreichen Reisen durch Deutschland, England und Frankreich sieht und erlebt. Aufzeichnungen, Vorträge und Briefe spiegeln die Vielfalt seiner Gedanken zur bildenden Kunst und ihren gesellschaftlichen Aufgaben wider. Alfred Lichtwark ist eigentlich Kunsterzieher von Beruf; er studierte in Dresden, Leipzig und Berlin Kunstgeschichte und Pädagogik. Der Sohn des Reitbrooker Müllers und Gastwirts *Johann Lichtwark* hat seine musische Begabung womöglich den Genen seiner Mutter *Johanne* zu verdanken, von der es heißt, sie stamme vom Musikgenie Johann Sebastian Bach ab.

Als er 1886 zum ersten Direktor der *Hamburger Kunsthalle* **10** *(▸ J3)* ernannt wird, hängt an den Wänden des ornamentgeschmückten Backsteinbaus am Glockengießerwall nichts, was ihn sonderlich beeindrucken würde: vorwiegend großformati-

Der Hamburger Kunsthistoriker und Museumsleiter Alfred Lichtwark, 1912 gemalt von Leopold Karl Walter Graf von Kalckreuth.

ge Historienbilder, ein paar romantische Landschaften wenig bekannter Künstler, gelegentlich ein Blumenstillleben oder das Porträt einer Bankiersgattin. Vergeblich sucht der neue Museumsmann nach einem impressionistischen Gemälde oder Bildern der Gegenwart: *»Es scheint der Nullpunkt der künstlerischen Produktion gewesen zu sein.«* Lichtwark macht sich an die Arbeit. Unter seiner Leitung soll die *Hamburger Kunsthalle* ein modernes Museum

Ein sommerlicher Sonntag auf der Hamburger Außenalster. Max Liebermann malte diese Impression am Uhlenhorster Fährhaus.

von europäischem Rang werden und sich gleichzeitig durch ein hanseatisches Profil auszeichnen. Schon träumt der 34-Jährige von der Welthafenstadt als blühender Kunstmetropole.

Ausgehend von der Idee einer »Hamburger Schule« fordert Lichtwark junge, aus Hamburg stammende Kunststudenten in Berlin, München und Karlsruhe auf, den Akademismus über Bord zu werfen und an die Elbe zurückzukehren, um Themen aus ihrer Heimatstadt künstlerisch aufzunehmen. Hier sei ihnen der Erfolg sicher, verspricht der tatkräftige Museumsmann, hier könne er für Aufträge und Ankäufe sorgen.

Viele kommen, die in Lichtwark und dem Kunstkritiker *Julius Meier-Graefe* ihre Anreger, in *Arthur Siebelist* ihren Lehrer finden. Sie heißen *Ernst Eitner* und *Arthur Illies*, *Julius von Ehren* und *Friedrich Schaper*. Im Frühjahr 1897 gründen acht junge Künstler und der ältere Maler *Thomas Herbst* mit dem Hamburgischen

Künstlerclub eine der ersten Künstlervereinigungen Deutschlands. In genau diesem Jahr erwirbt Alfred Lichtwark mit dem Fruchtstillleben von Claude Monet erstmals ein impressionistisches Gemälde für ein deutsches Museum.

»Meine Herren, malen Sie hamburgische Landschaft«, ruft Lichtwark seine Künstler auf und regt sie zur Freilichtmalerei nach dem Vorbild der französischen Impressionisten an. Der wortgewaltige Direktor der *Kunsthalle* weiß genau, was er mit diesem Aufruf zum Aufbruch erreichen will: Zum einen soll die neue Kunst Hamburgs Künstler über die Grenzen der Stadt hinaus bekannt, zum anderen auf Hamburgs Schönheit aufmerksam machen.

LICHTWARK PROTEGIERT HAMBURGER KUNST

So entstehen vor den Toren der Hansestadt, im Alstertal, an der Bille und im Alten Land, auf der Elbinsel Finkenwerder und in der Marsch kraftvolle, im Licht des Sommers leuchtende Bilder in sattem Grün und frischem Gelb mit farbigen Schatten. Lichtwark kauft mehrere Werke von Eitner für seine »Sammlung von Bildern aus Hamburg« an, das bekannte »Frühlingsbild« und der »Blick über die Alster« auf den Jungfernstieg und die Silhouette der Hansestadt sind darunter, und Julius von Ehren liefert die »Möwen an der Alster«.

Doch dem Bruch der Jungen mit der akademischen Malerei und den künstlerischen Idealen der Gründerzeit können nur die wenigsten Betrachter folgen. Ähnlich empört wie die Pariser auf die erste Schau der Impressionisten 20 Jahre zuvor reagierten, entrüsten sich auch die Hamburger. »Spinat mit Ei« skandieren sie angesichts der ungewohnten Bildmotive und beklagen die »Producte von Augen- und Nervenkranken«. Was ihnen da zugemutet wird! Können denn Kühe, Bauernkinder, ein Kahn im Schilf das Alltagsleben widerspiegeln und überhaupt kunstwürdig sein?

Die Gruppe wächst. Maler wie *Friedrich Ahlers-Heestermann* und *Franz Nölken* kommen hinzu, der Künstlerclub entwickelt sich zu einer festen Größe im Hamburger Kulturleben. Allwöchentlich ist Sitzung im *Café Felber* am Steindamm, manchmal schauen auch *Ernst Barlach* und *Detlev von Liliencron* vorbei und der Norweger *Edvard Munch*, wenn er in der Stadt ist. Arthur Illies, bekannt für seine farbigen Radierungen und Blumenbilder, schreibt: *»Wir unterhalten uns ständig darüber, wie wir dies oder das sehen, und wie es auf dem Bild erscheinen müsste. So gelangen wir zu einem immer intensiveren Studium der Erscheinungen unserer Heimat.«*

Natürlich gibt es einen Kreis bedingungsloser Verehrer. Aber der ist klein, und Lichtwark hat es in Hamburg nicht leicht. Konservative Eiferer schmähen seine Hamburger Sammlung als »Schreckenskammer« und schütteln den Kopf, wenn ihr Kunsthallenchef bei Mäzenen oder der Stadt wieder einmal um finanzielle Unterstützung für seine Projekte bittet. In einem Brief an seinen Bremer Freund *Gustav Pauli* beklagt er sein vergebliches Bemühen um ein Projekt mit *Gustav Klimt* und *Ferdinand Hodler*: *»Könnte ich für diese Sammlung nur Mittel flüssig machen. Was gäbe es da zu tun. Aber wo ich anklopfe, Horror vor der ›Schreckenskammer‹ und die Eselswiesen immer noch von anonymen Powisten und anderen Stinkpilzen übersäht. Ich habe es nicht mit einem Kaiser zu tun, hier herrscht eine Herde von Kaisern, und sie alle sehen nur das rote Tuch des Modernismus, das mir aus der Tasche hängt.«*

Dennoch erweitert der unermüdlich für sein Museum kämpfende Direktor der *Kunsthalle* sein Konzept. Jetzt lädt er Maler aus ganz Deutschland ein, damit sie die Stadt künstlerisch dokumentieren, *Lovis Corinth* gehört dazu, *Max Slevogt* und *Max Liebermann*, dessen Porträtkunst man in Hamburg bissig kritisiert. »Boote mit Flaggen« heißt eine Alster-Impression von Lieber-

Die Hamburger Kunsthalle profitiert noch heute von Lichtwarks Sammlung zeitgenössischer Künstler des ausgehenden 19. Jahrhunderts.

mann, »Terrasse im Restaurant Jacob« ein berühmtes Gemälde, auf dem die Lindenterrasse des luxuriösen Hamburger Hotels Louis C. Jacob mit dem unvergleichlichen Elbblick zu sehen ist. Auf persönliche Einladung kommen sogar die spätimpressionistischen Meister *Pierre Bonnard* und *Jean Édouard Vuillard* nach Hamburg. Mit dem »Lampionkorso auf der Außenalster« und »Abend am Uhlenhorster Fährhaus« hält Bonnard vergnügliche Stunden auf dem Wasser fest, Vuillard die Köpfe Hamburger Senatoren.

Schmerzlich ist für Lichtwark der Augenblick, als immer mehr »seiner« Hamburger Künstler nach Berlin und München abzuwandern beginnen, Nölken und Ahlers-Heestermann nach Paris gehen, um sich mit Henri Matisse und den Fauves auseinanderzusetzen. Mit Eitner und Illies kommt es zum Streit, Alfred Lichtwark macht ihnen den Vorwurf, sie verlangten zu viel Geld für ihre Bilder, sie hingegen schimpfen, dass er ihnen die versprochenen Großaufträge nicht verschafft habe. 1907 löst sich der Künstlerclub dann ganz auf.

Für den Direktor der *Hamburger Kunsthalle* spitzt sich die Situation noch einmal mehr zu, als der Berliner Kunsthändler *Paul Cassirer* den Hamburgern in seiner Dependance am Neuen Jungfernstieg Bilder von Edvard Munch und van Gogh, Cézanne und Matisse präsentiert. Alfred Lichtwark kann sich dafür nicht erwärmen. Nach dem Besuch einer Cézanne-Ausstellung in Paris 1910 äußert er sich entmutigt über diesen »Verführer« und seinen negativen Einfluss auf die Arbeit der jungen Hamburger Künstler: *»Ich weiß nicht, ob jemals ein Künstler solche Verheerungen in der Jugend angerichtet hat wie Cézanne. Er hat sie alle krank gemacht. Wer nach Paris kommt, ist ihm verfallen, und wer nicht hinkommt, zu dem kommt er durch Mauern und Wälle und über Gräben und Ströme.«*

Alfred Lichtwark ist erst 62 Jahre alt und schwer krank, als er im Januar 1914 stirbt. Mit dem Tod des Kunsthallendirektors, über seine Heimatverbundenheit hinaus Weltmann und Europäer, endet der weitere Ausbau seiner einzigartigen Sammlung hamburgischer Kunst.

GOTISCHE KUNSTWERKE FÜR DIE KUNSTHALLE

Um 1800 hatte es schon einmal eine »Hamburger Schule« gegeben. Damals stand der ernste, geheimnisvolle *Philipp Otto Runge* in ihrem Mittelpunkt, und wenn das Werk von Runge neben dem von *Caspar David Friedrich* heute zu den Glanzlichtern der *Hamburger Kunsthalle* zählt, so ist es dem weitblickenden Engagement Lichtwarks zu verdanken, der beide Maler einer breiten Öffentlichkeit zugänglich machte. Das Kupferstichkabinett der *Kunsthalle* verfügt über einen großartigen Bestand an Runge-Zeichnungen, und ein Saal mit bedeutenden Bildern ist ihm gewidmet, darunter das Porträt seiner Eltern und Runges Selbstporträt von 1802, das ihn zeigt, kurz bevor der Künstler mit 31 Jahren starb.

Auf Lichtwarks Vorliebe für einheimische Kunst ist ebenfalls eine Sammlung mittelalterlicher Schätze zurückzuführen. Gleich zu Beginn seiner Zeit als Kunsthallenleiter hatte er nach einem Kongress in Lübeck die Fährte zu einem Kunstwerk aufgenommen, für dessen Erwerbung er sich mit Begeisterung und Zähigkeit einsetzte: *»Eben komme ich von Grabow zurück. Der Altar ist ein mächtiges Werk, einer der reichsten, die ich aus jener Zeit kenne, und ich möchte annehmen, dass es der Hauptaltar der St. Petrikirche war, der alten Bürgerkirche Hamburgs.«*

Mit dem Altar von 1383 in strahlendem Gold, den Meister Bertram 1383 für die Petrikirche schnitzte und malte und den das mecklenburgische Grabow 400 Jahre später als Geschenk erhielt, erwarb Alfred Lichtwark 1903 einen unvergleichlichen Kunstschatz zurück, ebenso wie mit dem Altar des Meister Francke, der um 1425 eine Werkstatt in Hamburg leitete.

Die Erwerbung dieser gotischen Kunstwerke für Hamburg habe nur ihm gelingen können, erkannte Lichtwarks Nachfolger *Gustav Pauli* bewundernd an: *»Denn schwerlich hätte ein anderer jene Vereinigung von Energie, diplomatischem Geschick und persönlichen Beziehungen aufgebracht, die hierfür erforderlich war.«*

HAMBURGER KUNSTHALLE **10** ▶ *J3*
Glockengießerwall, Altstadt
www.hamburger-kunsthalle.de
▶ S- und U-Bahn: Hauptbahnhof

HOTEL LOUIS C. JACOB
Elbchaussee 401–403, Nienstedten
www.hotel-jacob.de
▶ Bus: Sieberlingstraße

ALBERT BALLIN

1857–1918

Der Sohn eines jüdischen Einwanderers macht eine atemberaubende Karriere: Er wird Generaldirektor der größten Hamburger Reederei – und später sogar ein Freund des deutschen Kaisers.

In der Mitte der Wand, direkt über dem Kamin, ein Porträt *Kaiser Wilhelm II.* Auf dem Schreibtisch aus massivem Holz ein üppiger Strauß frischer Blumen, behäbige Sessel um einen runden Tisch, Messingkandelaber, Kristalllüster, maritime Szenen in Mahagonirahmen. Große Fenster geben einen einzigartigen Blick auf die Binnenalster frei. Das Büro von Albert Ballin, Generaldirektor der Hamburg-Amerika-Linie Hapag, liegt im ersten Stock des stattlichen neuen Kontorhauses im Herzen Hamburgs. Die Reederei, bisher im Hafen ansässig, hat es erst kürzlich bezogen. »Unser Feld ist die Welt« ziert als Motto das Portal. In der Eingangshalle am Alsterdamm, der heute Ballindamm heißt, werden die Passagiere der Ersten Klasse empfangen, die hier ihre Schiffspassagen buchen. Die anderen Reisenden betreten das Haus durch den Eingang an der Ferdinandstraße.

Im Jahr 1903 befindet sich das Hamburger Schifffahrtsunternehmen auf dem Gipfel seines Erfolgs. 1847 von 30 Reedern und Kaufleuten als Hamburg-Amerikanische Packetfahrt-Actien-Ge-

Der Reeder und Generaldirektor der Hapag, Albert Ballin, auf einem Ölgemälde von Henry L. Geertz.

sellschaft mit dem Ziel gegründet, eine direkte Linie für Frachtschiffe zwischen Hamburg und New York zu etablieren, unterhält die »Hapag« als größte Reederei der Welt Liniendienste zu fast allen Kontinenten. Abgesehen von der Reederei Norddeutscher Lloyd im nahen Bremen muss sie keine Konkurrenz fürchten.

Im Büro von Albert Ballin laufen alle Fäden des Hamburger Unternehmens zusammen. Hier treffen sich bei Kaffee und

Das Tor zur Welt: der Hamburger Hafen zur Wende vom 19. ins 20. Jahrhundert.

kubanischen Zigarren Aufsichtsratsmitglieder und Werftbesitzer, Kaufleute und Bankiers oder politisch einflussreiche Persönlichkeiten aus dem In- und Ausland, um Gespräche zu führen und Strategien zu entwickeln. Außerdem hält der Generaldirektor ständig Kontakt zu seinen Kapitänen und empfängt sie zum Abschiedsgruß, bevor ihre Schiffe wieder auslaufen.

Wenn der vornehm gekleidete Ballin, den runden schwarzen Hut oder einen Zylinder auf dem Kopf, gemessenen Schrittes den noblen Alsterdamm entlang in sein Büro geht, das Tuten der Schiffe auf der Elbe im Ohr, muss er manchmal an seine Kindheit am Baumwall 6 denken, an seinen jüdischen Vater *Samuel Joseph Ballin* aus dem dänischen Jütland, der als junger Mann nach Hamburg gekommen war und, nachdem er vergeblich sein Glück als Wollfärber und Kohlenhändler versucht hatte, zusammen mit einem Freund eine kleine Auswandereragentur gründete.

Als Samuel Joseph stirbt 1874, hinterlässt er Frau und 13 Kinder; die Mutter beauftragt ihren Jüngsten, den gerade erst 17-jährigen Albert, das Geschäft weiterzuführen – ohne Vermögen im Hintergrund, mit dem er arbeiten, ohne gesellschaftliche Verbindungen oder familiäre Versippung in der Hansestadt, die ihm hilfreich sein könnten. Doch der Sohn des jüdischen Einwanderers hat einen unerschütterlichen Glauben an sein eigenes Können, verfügt über Fantasie und Temperament. Er ist fest entschlossen, aus dem ererbten väterlichen Geschäft etwas Großes zu machen.

SCHLIMME SOZIALE VERHÄLTNISSE IM HAFEN

In der Ära Ballin ist die Beförderung europäischer Emigranten nach Amerika Kern der rentablen Passagierschifffahrt. Inzwischen strömen täglich Hunderte von Menschen nach Hamburg und warten auf einen Platz an Deck eines Überseedampfers. Gleichzeitig sind die sozialen Verhältnisse in der Hansestadt verheerend; besonders schlimm sieht es in den Hafengebieten aus. Neben den unwürdigen Arbeitsbedingungen der Arbeiter wirkt sich der Ausbruch einer Choleraepidemie 1892 katastrophal aus. In wenigen Tagen legt die Seuche den gesamten Hafenbetrieb lahm. Sie wütet mehr als zwei Monate, fordert 8000 Tote und führt dazu, dass die USA einen Einwanderungsstopp verhängen. Zunächst wird die hamburgische Überseeschifffahrt verdächtigt, die Cholera eingeschleppt zu haben. Aber sie war durch unsauberes Trinkwasser in dem überfüllten Gängeviertel an der Steinstraße ausgebrochen und hatte sich in der Hafengegend ihre Opfer geholt.

Zuvor aber boomt das Geschäft. Ballin hat eine zündende Idee. Um dem Strom an Auswanderer Herr zu werden, der nicht aufhören will, müssen dringend zusätzliche Passagemöglichkeiten her. Höchste Zeit für seine kleine Auswandereragentur, sich mit einer Reederei zusammenzutun. In *Edward Carr* findet

Ballin einen Reeder, der zwei Frachtdampfer besitzt. Diese mit Zwischendecks auszustatten und die Auswanderer billiger nach Amerika zu befördern als bisher, das ist Ballins Vorschlag. Das Geschäft schlägt ein, führt aber zu heftigen Konkurrenzkämpfen mit den größeren Reedereien. Bei der Hamburg-Amerika-Linie macht sich Nervosität breit. Was, wenn man sich mit Ballin einigen und sein kleines Unternehmen einfach mit ins Boot holte? Dem Vorstand gefällt der ehrgeizige junge Mann, der im Passagiergeschäft erfahren ist und über ein hervorragendes Organisationstalent verfügt. Bald tritt Ballin in die Passageabteilung der Hapag ein und wird bereits 1888 zum Vorstandsmitglied gewählt.

Elf Jahre später: Mit der Ernennung zum Generaldirektor der Hapag befindet sich der 42-jährige Albert Ballin auf dem Höhepunkt seiner Karriere. Jung hat er eine Hamburgerin aus angesehener Familie geheiratet, *Marianne Rauert*, das Ehepaar bleibt kinderlos und adoptiert nach der Choleraepidemie ein kleines Mädchen, deren Eltern zu den Opfern der Seuche zählten.

Die Tatsache, dass der Reeder jüdischer Abstammung ist, steht seinem wirtschaftlichen Aufstieg im toleranten Hamburg, wo 1860 Glaubensfreiheit für alle eingeführt worden war, nicht im Weg. Doch gesellschaftlich wird Albert Ballin, von seinen Zeitgenossen als komplexe Persönlichkeit geschildert, nie ganz akzeptiert werden. Vielleicht, weil er »nur« Generaldirektor und nicht Besitzer der Hapag-Reederei war? Wohl eher mögen konfessionelle Gründe dabei eine Rolle gespielt haben.

Auf der Elbinsel *Veddel* an der Stelle der früheren Auswandererhallen gibt es seit einigen Jahren das Auswanderermuseum *BallinStadt,* das die Geschichte der Menschen erzählt, die genau von diesem Ort in der Mitte Hamburgs nach Amerika auswanderten. Am eindrucksvollsten ist der Weg zur *Veddel* an Bord einer Barkasse, die an der Landungsbrücke 10 ablegt.

Inzwischen bietet Hamburgs moderner Containerhafen mit seinen riesigen Frachtern ein ganz anderes Bild als zur Zeit Ballins.

»Im Hafen gab es eine Stadt für sich. Sie schien aus fremdem Land verpflanzt«, beschreibt ein Chronist den Häuserkomplex mit Straßen, Plätzen, Bäumen, Krankenstation und Kirche, die der Chef der Hamburg-Amerika-Linie 1901 als Auffanglager und Wartehalle für die Tausende eintreffender Auswanderer bauen ließ. *»Der Strom der fremden Menschen streicht wie aufgescheucht im Innern des Städtchens umher ... Die Menschen wissen nicht recht, was sie mit sich selber getan haben. Sie haben ihre schönsten Pelze angezogen, ihre farbigsten Tücher umgebunden, ihre lustigsten Röcke angelegt. Auf dem Boden knieend in der katholischen Kirche beten und singen sie mit zittrigen Stimmen.«*

Über fünf Millionen Menschen aus ganz Europa haben zwischen 1850 und 1930 oft tage-, wochenlang auf einen Platz an Deck eines Dampfers nach Übersee gewartet. »Columbia« und »Normannia« heißen die voll besetzten Schnelldampfer, die Hamburg regelmäßig in Richtung New York verlassen. Mit einer Überfahrt von kaum sieben Tagen erringt die »Fürst Bismarck« 1891 das »Blaue Band der Ozeane« für den Schnelligkeitsrekord.

Der Zufall will es, dass Ballin im selben Jahr erstmals dem deutschen Kaiser in Cuxhaven begegnet, wo Wilhelm II. den Hafen besichtigt. Beim Anblick der »Auguste Victoria«, die auf Reede liegt und zu ihrer ersten Orientreise aufbrechen soll, wünscht der Monarch, das Schiff zu besichtigen. Mit an Bord: Albert Ballin und seine Frau Marianne. Stolz kann der Reeder dem Kaiser berichten, dass 241 »kühne« Fahrgäste die Reise über Genua und Kairo bis nach Damaskus gebucht haben: *»Es ist notwendig, den Leuten klarzumachen, dass sie nicht nur im Notfall eine Seereise unternehmen. Freiwillig und zu ihrem Vergnügen sollen sie sich dazu entschließen, wie sie auch sonst Urlaubs- und Vergnügungsreisen machen.«*

Ballins Herz würde gewiss hüpfen, könnte er heute den Luxusliner »Queen Mary 2« sehen, wie er gemächlich die Elbe aufwärts gefahren kommt und am neuen Kreuzfahrtterminal in der *Hafen City* **8** *(▸ G 7)* festmacht. Zu den Hamburger Cruise Days strömen die Menschen in den Hafen, um die »Königin« und weitere imposante Kreuzfahrtschiffe zu feiern.

Zu Ballins Zeiten löst der Gedanke an eine mehrtägige Seereise bei den meisten Binnenländern noch eher Furcht und Schrecken als Freude aus, und in der Regel begibt man sich nur nach Übersee, wenn familiäre oder geschäftliche Gründe es erfordern. Der Reeder, stets auf der Suche nach neuen Ideen, sinniert, wie der Schiffsverkehr noch rentabler gemacht, Kabinen saisonunabhängig über das ganze Jahr gefüllt und die großen schnellen Schiffe noch attraktiver ausgestattet werden können.

In Anwesenheit Kaiser Wilhelm II. laufen auf der Werft Blohm & Voss Riesendampfer vom Stapel, Schiffe, schwimmende

Paläste, die Platz für 1500 Passagiere haben und Hunderte Mann Besatzung. Um 1914 kann sich Hamburgs Hapag mit insgesamt 25 000 Angestellten die größte Reederei der Welt nennen.

BALLIN VERZWEIFELT AN DER POLITIK

Schon lange beobachtet Albert Ballin mit verzweifelter Sorge die expansive Flottenpolitik des deutschen Kaisers und das sich zuspitzende Verhältnis zu Großbritannien. Aber Wilhelm II., der häufig in Ballins Villa in der Feldbrunnenstraße zu Gast ist, will die Warnungen des Freundes nicht hören. Als 1914 der Erste Weltkrieg ausbricht, kommt Ballin, 57, gerade aus England zurück. Seine permanenten diplomatischen Vermittlungsversuche sind ohne Ergebnis geblieben, im Gegenteil, man wirft dem England-Freund und internationalen Unterhändler mangelnden Patriotismus vor.

Seiner inneren Erregung angesichts der katastrophalen Ereignisse nicht mehr gewachsen, setzt Albert Ballin am 9. November 1918, dem Tag des Thronverzichts von Kaiser Wilhelm II. und zwei Tage vor der Kapitulation, seinem Leben ein Ende.

BALLINSTADT
Veddeler Bogen 2, Veddel
www.ballinstadt.de
▶ S-Bahn: Veddel/BallinStadt

HAFENCITY 8 ▶ *G7*
www.hafencity.com
▶ U-Bahn: Baumwall

HAPAG-LLOYD HAMBURG 14 ▶ *G/H4*
Ballindamm 25, Altstadt
www.hapag-lloyd.com
▶ U- und S-Bahn: Jungfernstieg

ERNST BARLACH

1870–1938

Der bedeutendste deutsche Bildhauer des 20. Jahrhunderts. In Hamburg hat er eindrucksvolle Spuren hinterlassen – in der Sammlung seines Mäzens Hermann F. Reemtsma.

»*In dem kalten Frühjahr achtundachtzig lief ich in den Straßen Hamburgs umher wie ein Tier, das in seinem Käfig unablässig gegen die Stäbe springt.*« Der junge Ernst Barlach quält sich mit der Frage, wie es weitergehen soll. Unter der Anleitung kleinmütiger Lehrer anatomisches Zeichnen nach Kopien antiker Modelle lernen. Köpfe, Arme, Beine, den Faltenwurf einer Gipsfigur bis zur technischen Perfektion beherrschen. Ist es das? In der Bildhauerklasse an der Kunstgewerbeschule am Steintor hält Ernst Barlach es in keinem Fall länger aus.

Er sehne sich danach, schreibt der 20-Jährige im November 1890, »*das Leben zu erfassen, wo es am vollsten, am leidenschaftlichsten quillt, Menschen kennenzulernen, indem ich mich als ihresgleichen unter sie mische*«.

Doch die Zeit für ein freies Künstlerdasein scheint noch nicht reif. Barlach wechselt an die Kunstakademie nach Dresden, studiert weiterhin Bildhauerei. Zufrieden ist er mit dem bisher Erreichten auch nach seinem Abschluss nicht. Sein Resümee zu

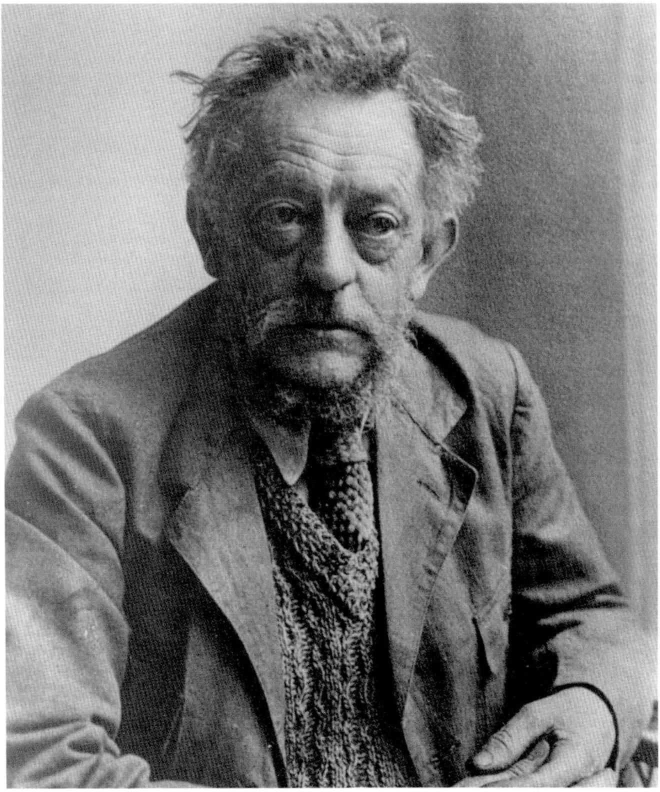

Ein müder, verbrauchter Ernst Barlach um 1920. Da stehen dem berühmten norddeutschen Künstler noch die schwersten Jahre bevor.

der Zeit in Dresden lautet: »*Ich modellierte für mich hin, und was ich im Sinn hatte, wusste ich nicht.*«

Beim Schiffsanleger Teufelsbrück treffen Elbchaussee und Elbuferweg kurz zusammen. Auch der großräumig angelegte Jenisch-Park mit den hügeligen Wiesen und uralten Bäumen stößt hier ans Ufer. Auf dem höchsten Punkt des zur Elbe abfallenden Geländes liegt das Jenisch-Haus, ein ehemaliger, öffent-

Seit 1962 zeigt das Ernst-Barlach-Haus im Jenisch-Park zahlreiche Hauptwerke des expressionistischen Künstlers.

lich zugänglicher Herrensitz im klassizistischen Stil, und ihm gegenüber, in einer Senke, leuchtet weiß das private Kunstmuseum *Ernst-Barlach-Haus.* Der Hamburger Fabrikant und Mäzen *Hermann F. Reemtsma* ließ es für seine umfangreiche Sammlung von Werken des expressionistischen Bildhauers bauen. Reemtsma besuchte Barlach 1934 in Güstrow zum ersten Mal und war von der Persönlichkeit des Bildhauers tief beeindruckt: *»Ich bin Ernst Barlach nie anders begegnet als mit großer Ehrfurcht vor seiner Kunst«*, schrieb Reemtsma nach dem Tod des verfemten Künstlers vier Jahre später. In mehreren Räumen, die sich um einen Innenhof gruppieren, sind Barlachs Plastiken ausgestellt. Vorwiegend schnitzte er Einzelfiguren oder Zweiergruppen in Holz, mit dem »Fries der Lauschenden« ist es gleich eine ganze Figurenreihe. Aber Barlach machte auch selbst Bronzegüsse und brannte Formen aus Terrakotta, Porzellan und Keramik.

Wie bei *Käthe Kollwitz* beherrscht ausschließlich der Mensch Barlachs Werk. Randfiguren der Gesellschaft stehen in seinem Mittelpunkt. Ausgestoßene, Kranke, Arme, Leidende. Barlach widersetzt sich bürgerlichen Konventionen und hat einen kritischen Blick auf die Gegenwart: In einer einzigen Gestalt vermag sich die ganze Not des Lebens zu spiegeln. »*Ich habe zu ganz feinen Leuten kein Verhältnis*«, schrieb er einmal an seinen Verleger *Reinhard Piper*. Barlach war auch Schriftsteller. Manuskripte, Briefe, Fotos und Dokumente ergänzen sein künstlerisches Werk.

»Gehen Sie nach Paris!«, hatte ihm sein Professor in Dresden geraten. Kurz vor der Jahrhundertwende reiste Barlach zweimal in die französische Hauptstadt, wollte dort weiterkommen, studierte an der Akademie Julian, hoffte, womöglich Rodin über den Weg zu laufen. Aber er begegnete weder Rodin noch irgendeinem anderen zeitgenössischen Künstler. Mischte sich auch nicht unter »Seinesgleichen«, ungesellig, menschenscheu und mittellos, wie er war, sondern verschwand wochen- und monatelang im Dunkel der ägyptischen Abteilungen des Louvre und schrieb einen Geisterroman, der hier und in den Straßen der Stadt spielt.

DIE TRÜBEN BERLINER JAHRE

Dann der Berlin-Aufenthalt. Auf der Großen Kunstausstellung wurde zum ersten Mal ein Werk von ihm gezeigt. Barlach selbst empfand es als Misserfolg. Er fühlte sich überschätzt, war zutiefst verzweifelt, litt unter Herzbeschwerden: »*Meine Gesundheit ist gegenwärtig ganz miserabel. Ich halte mich ja oben, aber eigentlich müsste ich liegen. Fühle mich tatsächlich sehr schlecht. Gedanken über möglichen Verdienst – lauter Übelgedanken.*«

Auch seine wirtschaftliche Situation plagt ihn. »*Um des Geldes wegen muß man sich absichtlich verkrüppeln*«, notiert er bitter. Dazu kommen seine Probleme, die er im Umgang mit Menschen hat. Wenn es ihm schlecht geht, sucht er bei niemandem Trost, schon gar nicht in der Gruppe Zuflucht.

Die Jahre 1905/06 in Berlin gehören zu den trübsten seines Lebens. Ein Foto zeigt den Mitte 30-Jährigen als hageren Mann von mittlerer Größe mit einem dunklen Haarschopf und einem Bart um das Kinn. Auffallend die tiefen Tränensäcke unter den übergroßen, forschenden Augen, die das schmal geschnittene Gesicht beherrschen. Es ist eine schwere Identitätskrise, die der Künstler durchmacht.

Ernst Barlach, als ältester von vier Söhnen eines Arztes im holsteinischen *Wedel* vor den Toren Hamburgs geboren und in *Ratzeburg* aufgewachsen, spricht mit seinem Bruder *Nikolaus.* Eine Russlandreise würde gewiss positive künstlerische Auswirkungen haben! Gemeinsam brechen die beiden Brüder auf. Und während Barlach in Russland seine Bücher mit Skizzen füllt, bringt die Näherin *Rosa Schwab* in Berlin-Moabit am 20. August 1906 seinen Sohn *Nikolaus* zur Welt. Der – für ihn erfolgreiche – Streit um das Sorgerecht wird zwei Jahre dauern.

»Übrigens war ich jetzt einige Monate im südlichen Russland, habe da unendliche Anregung, sagen wir gleich: Offenbarungen empfangen«, schreibt Barlach im Dezember 1906 an Reinhard Piper. »Blinder Bettler« und »Russische Bettlerin mit Schalen« betitelt der Bildhauer die Figuren, mit denen er zum ersten Mal an einer Ausstellung der Berliner Sezession teilnimmt. Darüber hinaus ein »Aufatmen in meinem Gemüt«, als der Berliner Kunsthändler *Paul Cassirer* Barlach zusagt, alle künftigen Arbeiten gegen ein festes Jahresgehalt zu erwerben. *»Es gibt viel Krakeel in Berlin, und nicht immer gibt es ihn bloß in Berlin. Er ist eine Zeitkrankheit. Man muss ihm entrinnen … Ich habe mein Schneckenhaus wieder nach Norden gezogen, diesmal mit Sack und Pack«*, notiert er im Dezember 1910.

Die Barlach-Stele »Trauernde Mutter mit Kind« am Rathausmarkt an der Alster.

Barlach behält zwar noch sein Atelier in Berlin, hat jetzt aber einen zweiten Wohnsitz. Mit seinem kleinen Sohn Nikolaus ist er in das Haus seines Bruders im mecklenburgischen Güstrow gezogen, in dem auch seine früh verwitwete Mutter lebt und den Haushalt führt. Dank Cassirers Unterstützung muss er keine existenziellen Sorgen haben und kann sich ganz der Arbeit widmen: *»Ich habe jetzt eine Reihe heimatlicher Motive vor und hinter mir. Möchte wissen, wie ich die in Berlin finden sollte, wenn nicht beim Proletariat. Sicher nicht beim Bürger. Aber hier gibt es eine etwas rückständige, aber gesunde Primitivität. Das Landleben gibt dem Geringsten eine aristokratische Form. Leute, die einsam, vereinzelt, unmassiert, unsummiert sind, haben schon als Erscheinung etwas Plastisches.«*

Mit ausholenden Schritten, den Mantel über die linke Schulter geworfen, einen Stock in der rechten Hand und bequem gekleidet, durchwandert der Bildhauer die ihm aus Kindheitstagen vertraute norddeutsche Landschaft und hat seine Modelle täglich vor Augen: die Kuhhirten und alten Männer auf dem Feld, Angler, Holzsammler und Marktfrauen.

Zu Hause, in der Werkstatt, füllt die Arbeit mit dem Holz den Tag. Kleine Modelle werden vorbereitet. Barlach legt das Hohleisen erst aus der Hand, wenn er nichts mehr sehen kann. Dann zieht er sich in sein kleines Zimmer zurück, eine nüchterne Klause mit Tisch und Bett, und sitzt bis tief in die Nacht über Dramenentwürfen und dem Zeichenblock.

Auf den Ausbruch des Ersten Weltkriegs reagieren zahlreiche Künstler mit Euphorie. Ernst Ludwig Kirchner bricht umgehend seinen Aufenthalt auf der Insel Fehmarn ab und kehrt nach Berlin zurück, bereit, den Opfergang für das Vaterland anzutreten, seine Freunde *Max Pechstein* und *Emil Nolde*, auf der Suche nach dem Paradies in der Südsee unterwegs, reisen ebenfalls sofort heim. Mitglieder der Berliner Sezession, Max Liebermann, Lovis Corinth und eben auch Ernst Barlach, schließen sich dem wilhelminischen Hurra-Patriotismus an, Franz Marc und viele andere empfinden den Krieg als Aufbruch in eine neue Zeit.

Barlachs anfängliche Kriegseuphorie weicht jedoch ab 1916 einer pazifistischen Haltung. In zahlreichen plastischen und grafischen Werken verarbeitet er die Schrecken und Folgen des Krieges.

BARLACH WIRD VON DEN NAZIS VERFOLGT

An der Kleinen Alster, zwischen Alsterarkaden und Rathausmarkt, steht ein Ehrenmal, das an die Gefallenen des Ersten Weltkriegs erinnern soll. Das Relief auf der 21 Meter hohen Stele »*Trauernde Mutter mit Kind*« **30** *(▸ F/G 4)* schuf Barlach 1931 im Auftrag der Stadt. Die Nazis entfernten das Kunstwerk, das nach dem Zweiten Weltkrieg vom Steinmetz Friedrich Bursch rekonstruiert wurde.

1937 ist ein schlimmes, Barlachs »schlimmstes« Jahr. Die Nationalsozialisten haben die Publikation seiner Zeichnungen im Piper Verlag beschlagnahmt. Das Magdeburger Ehrenmal aus dem Dom und auch die bronzene Skulptur »Güstrower Ehrenmal« entfernt. Den Ausschluss von Käthe Kollwitz und Heinrich

Mann aus der Akademie der Künste erzwungen. Im Rahmen der Aktion »Entartete Kunst« insgesamt 381 Werke von Barlach aus öffentlichen Sammlungen konfisziert. Ein generelles Ausstellungsverbot über ihn verhängt. Am 19. Juli 1937 wird die Ausstellung »Entartete Kunst« mit Arbeiten von rund 120 Künstlern im alten Galerietrakt der Hofgartenarkaden in München eröffnet, darunter auch Werke von Barlach.

Barlach arbeitet, aber die Diffamierungen quälen, Todesahnungen plagen ihn. Seine beiden letzten Holzplastiken sind die »Lachende Alte« und die »Frierende Alte«. Ihr Ausdruck spiegelt seine Bedrängnis auf ergreifende Weise wider.

Am 24. Oktober 1938 stirbt Ernst Barlach an Herzversagen. Die Trauerfeier findet in Güstrow statt.

In einer Tagebuchaufzeichnung aus dem Oktober 1938 schildert Käthe Kollwitz ihren Abschied von Barlach an seinem Grab und schließt mit den Worten: »*Wie es immer ist, wenn man jemand begraben hat, um den man trauert, um den man aber nicht schmerzlich weint, war ein gesteigertes Lebensgefühl in mir. Morgen können wir's nicht mehr. Darum lasst uns heute leben.*«

ERNST-BARLACH-HAUS
Stiftung Hermann F. Reemtsma
Baron-Voght-Straße 50 a, Othmarschen
www.barlach-haus.de
▶ S-Bahn: Klein Flottbek

»TRAUERNDE MUTTER MIT KIND« **30** ▶ *F/G 4*
Rathausmarkt
▶ U- und S-Bahn: Jungfernstieg, U-Bahn: Rathausmarkt

HANS ALBERS

1891–1960

Blaue Augen, blonde Haare, schnoddrige Stimme. So wird der Schauspieler aus der Langen Reihe zum typischen »Hamburger Jung'«. Sein Nachfolger in Sachen Seemannsromantik kommt aus Wien …

Auf Matrosen, ohé! Reeperbahn, Davidstraße, *Hans-Albers-Platz* 12 *(▸ A 5)*. Dort, wo die Kneipen Rote Laterne und Albers Eck heißen und die Mädchen vom Straßenstrich stehen, spielt mitten auf dem Platz ein Mann Schifferklavier. Hans Albers, Schauspieler und Sänger. Die Bronzestatue entwarf *Jörg Immendorff*, Künstler und Kneipier. Auf Matrosen, ohé! Klar, »Große Freiheit Nr. 7«, der Filmklassiker. Hans Albers spielt den alternden Ex-Matrosen und Trinker Hannes, Alleinunterhalter im Hamburger Vergnügungslokal *Hippodrom* an der *Großen Freiheit* auf *St. Pauli*, das seine Geliebte Anita leitet. Doch da ist noch das junge Mädchen Gisa, die Freundin seines verstorbenen Bruders, um die sich Hannes kümmert. Er verliebt sich in sie und wünscht sich schließlich eine gemeinsame Zukunft mit ihr. Aber Gisa, von Hannes zärtlich »Paloma« genannt, hat sich für den jungen Werftarbeiter Georg Willem entschieden. Als Hannes das erfährt, trennt er sich auch von Anita und steigt wieder zu seinen Kumpels

Hans Albers mit Zigarre und dem typischen Blick aus seinen magischen blauen Augen, ein Foto von 1956.

aufs Schiff: »*Ein Wind weht von Süd und zieht mich hinaus auf See. Mein Kind, sei nicht traurig, Tut auch der Abschied weh. Mein Herz geht an Bord. Und fort muss die Reise gehn. Dein Schmerz wird vergeh'n Und schön wird das Wiederseh'n. Auf Matrosen, ohé!*«

»Große Freiheit Nr. 7«. Regie: *Helmut Käutner*. Wegen der Bombardements muss Käutner 1943 die Reeperbahn in den UFA-Studios in Neubabelsberg und später in Tempelhof nachstellen.

Jörg Immendorff schuf 1984 die Bronzeplastik von Hans Albers, die auf dem gleichnamigen Platz in St. Pauli steht.

Als auch Berlin von den Alliierten bombardiert wird, zieht die Produktion in das sichere Prag um. Sowohl Käutner als auch Albers, um Distanz zu den Nationalsozialisten bemüht, sind hier weit weg vom Einfluss des Reichspropagandaministeriums.

»Große Freiheit Nr. 7« soll in Hamburg Premiere haben, wird aber wegen der melancholischen Stimmung des Films von der NS-Prüfstelle abgesagt. So findet die Uraufführung in Prag statt. Überraschend erhält der Film nach Kriegsende den Schwedischen Kritikerpreis. Am 9. September 1945 wird die Geschichte vom Seemann Hannes und seiner unglücklichen Liebe von den Alliierten freigegeben. Premiere ist in Berlin. »Große Freiheit Nr. 7« wird einer der erfolgreichsten frühen Farbfilme – und Hans Albers ein gefragter Nachkriegsstar.

»Auf der Reeperbahn nachts um halb eins« wird zum nächsten Kassenhit und das Titellied des Films zum erfolgreichen Schlager.

Die Drehorte: der Hamburger Hafen, *St. Pauli* und die Insel Helgoland. »Kleine Möwe, flieg nach Helgoland«, singt Albers, und wenn in den Kaschemmen um die Reeperbahn der Gassenhauer »In einer Sternennacht am Hafen« ertönt, summen Touristen und St. Paulianer wehmütig mit.

EIN JUNGE AUS DER LANGEN REIHE

Im Stadtteil St. Georg nahe der Außenalster konzentrieren sich Hamburgs kulturelle Institutionen. Schauspielhaus, Museum für Kunst und Gewerbe, Kunsthalle **10** *(▸ J3)*. Direkt am Wasser liegt das *Grandhotel Atlantic* **16** *(▸ J2/3)*. Die *Lange Reihe* führt mitten durch das Viertel. Früher gehörte die Straße kleinen Krämern und Handwerkern, bis in die späten 90er-Jahre war sie wegen ihrer Stricherkneipen und als Drogenumschlagplatz verrufen, heute zählt sie zu Hamburgs angesagten Plätzen mit Restaurants, kuriosen Läden, Sexshops, winzigen Stundenhotels und Schwulentreffs.

In dem Haus *Lange Reihe 71*, einem Gründerzeitbau, wird Hans Philipp August Albers am 22. September 1891 geboren. Er ist das jüngste von sechs Kindern. Den Eltern gehört eine Schlachterei. Selbstverständlich erwartet der Vater von seinem Sohn, dass er in seine Fußstapfen tritt. Aber der »blonde Hans« mit den blauen Augen, der als Schüler Alsterkähne schrubbt, um sich das Geld für Theaterkarten zu verdienen, will keinen Schlachterladen führen, sondern auf der Bühne stehen. Neben seiner kaufmännischen Lehre in einer Frankfurter Seidenfirma nimmt er ganz heimlich Schauspielunterricht und lebt ab 20 nur noch für das Theater. Ab 1913 folgen Auftritte am *Thalia Theater* **29** *(▸ G/H 4)* in Hamburg und am *Altonaer Schiller-Theater*.

Schwere Verwundungen aus dem Ersten Weltkrieg machen ihm zu schaffen – und vor allem: Wer kennt schon Hans Albers?

In Berlin will er jetzt sein Glück versuchen. Dort tritt er in Revuen und Operetten auf, spielt in über 100 Stummfilmen mit. Seine Rollen: Gauner, Bonvivants und schmierige Herzensbrecher. Wer kann dem Blick seiner blauen Augen schon widerstehen! Seine schnoddrige Stimme nicht anziehend finden! Die Frauen lieben Hans Albers, und Hans Albers liebt die Frauen. Die Nächte sind ausschweifend, der Alkohol fließt oft exzessiv. Dennoch arbeitet der Schauspieler weiterhin hart an seiner Karriere.

»Ich musste 20 Jahre warten und schuften, bis meine große Chance kam.« Sie kam im Oktober 1928 in Berlin und brachte den Durchbruch. Hans Albers spielt den skrupellosen Kellner in »Die Verbrecher«, ein Jahr später kann man ihn als Rennfahrer Harry Bredow im ersten deutschen Tonfilm »Die Nacht gehört uns« sehen und kurz darauf als Artist Mazeppa in »Der blaue Engel« an der Seite von *Marlene Dietrich*.

Wichtigste Vertraute und seine große Liebe ist die Schauspielerin *Hansi Burg*, Tochter seines jüdischen Mentors *Eugen Burg*. Zu Beginn der 30er-Jahre ziehen die beiden nach Bayern, Albers kauft ein Grundstück am Starnberger See. Er solle sich von seiner Lebensgefährtin und Managerin trennen, drängen die Freunde, als die Nationalsozialisten die Macht übernehmen. Albers und Burg trennen sich offiziell, doch sie haben weiterhin die gemeinsame Adresse am See. Bis es Hansi Burg 1938 gelingt, nach England zu emigrieren.

Albers sieht für sich keine beruflichen Chancen im Ausland und bleibt. Er lässt sich zwar nie an der Seite hochrangiger NS-Funktionäre blicken und verzichtet darauf, einen Schauspielpreis aus der Hand von Joseph Goebbels entgegenzunehmen. Doch im NS-Propagandafilm ist der kernige Draufgänger und liebenswerte Matrose mit dem blonden Haar (es ist leider ein Toupet) ein hochgeschätzter Publikumsliebling.

Hans Albers mit Hilde Hildebrand in seinem berühmten Film »Große Freiheit Nr. 7« von 1944. Die Uraufführung fand in Prag statt.

1945 kehrt Hansi Burg nach Deutschland zurück. Albers pendelt zwischen Berlin und dem Starnberger See, kommt selten nach Hamburg und bezieht dann eine Suite im *Hotel Atlantic*. Die Filmkarriere geht weiter, ein Höhepunkt ist 1956 die Literaturverfilmung »Vor Sonnenuntergang« nach Gerhart Hauptmann.

Im selben Jahr, 1956, ist eine Schnulze mit dem Titel »Heimweh« die meistverkaufte Single in Deutschland. Nein, der Interpret heißt nicht Hans, sondern *Freddy*, ein 25-jähriger Schlagersänger namens Manfred Petz aus Österreich, der seine Wurzeln in Amerika hat, wo sein leiblicher Vater lebt.

Auf seiner Odyssee durch die Welt als Akrobat und Saxofonist hat Freddy Hamburg entdeckt. Die Washingtonbar auf St. Pauli ist seine allabendliche Anlaufstelle. Dort sitzt er mit seiner Gitarre am Tresen und singt Folk- und Country Songs, vor allem aber melancholische Lieder, die vom Meer, von Fernweh, Abschied und Einsamkeit handeln. Das Musikgeschäft wird auf ihn aufmerksam und macht Freddy Quinn zum Star:

»*Junge, komm bald wieder, bald wieder nach Haus. Junge, fahr nie wieder, nie wieder hinaus ...*«, fleht er auf seinem Weg zum ersten deutschen Schallplattenmillionär mit tiefer Baritonstimme. Selbst Jahrzehnte später ist der Jubel noch groß, als Freddy Quinn Mitte der 90er-Jahre in dem neu inszenierten Musical »Große Freiheit Nr. 7« als alter Seemann Johnny Kröger auf der Bühne steht, die Albers-Schnulze »La Paloma« singt und »Auf der Reeperbahn nachts um halb eins«.

ST. PAULI – DER HAMBURGER BERG

Zu diesem Zeitpunkt ist Freddy Quinns Vorbild Hans Albers schon ein paar Jahrzehnte tot – er war 1960 mit 68 Jahren während einer Theatervorführung auf der Bühne mit schweren inneren Blutungen zusammengebrochen und starb drei Monate später in einem Sanatorium in Kempfenhausen am Starnberger See; immerhin wurde seine Asche auf dem *Ohlsdorfer Friedhof* in seiner Heimatstadt beigesetzt. Der Alkohol hatte dem leidenschaftlichen Cadillac-Fahrer zuletzt immer mehr zu schaffen gemacht. 1957 spielte Albers im Staatstheater am Gärtnerplatz in München den alten Karl Knie in der Musical-Version des Seiltänzerstücks »Katharina Knie« von Carl Zuckmayer. Es war seine letzte Rolle.

Früher hieß *St. Pauli* »Hamburger Berg«, weil das Viertel auf Hügeln vor den Toren der Stadt lag. Einheimische sagen daher »auf« *St. Pauli* und nicht »in« – also auf *St. Pauli* gibt es seit 2010 das *Sankt Pauli Museum* **22** *(▸ A 5)*. Ein Film zeigt die Geschichte des Stadtteils, erzählt, dass der Name Reeperbahn auf die Reepschläger zurückgeht, die Seilmacher, die Mitte des 17. Jahrhunderts kamen und der Reeperbahn ihren Namen gaben. Um

die gleiche Zeit öffneten dort die ersten Amüsierbetriebe und Varieté-Theater.
Rund um den Spielbudenplatz trugen Sänger, Dichter, Kabarettisten und Volkshumoristen ihre oft schrägen Couplets über das Leben der einfachen Leute vor. Zu den bedeutenden gehörte Heinrich Köllisch (1857–1901), Hein genannt, der Sohn eines Schuhmachers und ein echter Junge von *St. Pauli*. Nur wenige Schritte vom *Hans-Albers-Platz* entfernt erinnert der *Hein-Köllisch-Platz* an jenen Hünen mit dem Schnauzbart, der aus Respekt vor der Kunst und dem Publikum stets in Frack und Zylinder auf der Bühne erschien. Wie Hans Albers trat auch Hein Köllisch im *Hansa-Theater* **13** *(▸ K4)* auf.

Der Vorhang dieser legendären Hamburger Privatbühne mit Portier an der Schwingtür, rotem Damast an den Wänden und Kellnerklingeln am kleinen Tisch hat sich nach vielen stillen Jahren 2009 wieder geöffnet.

HANS-ALBERS-PLATZ **12** ▶ *A5*
St. Pauli
▶ S-Bahn: Reeperbahn

HANSA-THEATER **13** ▶ *K4*
Steindamm 1, St. Georg
www.hansa-theater.de
▶ U- und S-Bahn: Hauptbahnhof

SANKT PAULI MUSEUM E.V. **22** ▶ *A5*
Davidstraße 17, St. Pauli
www.st-pauli-museum.com
▶ S-Bahn: Reeperbahn, U-Bahn: St. Pauli

IDA EHRE

1900–1989

Die charismatische Schauspielerin und Intendantin aus Wien prägte die deutsche Theaterkultur nach dem Zweiten Weltkrieg, obwohl sie als Jüdin entsetzliche Jahre in Hamburg erleben musste.

Hamburg steht in Flammen. Unter dem Hagel Hunderttausender Minen-, Spreng- und Phosphorbrandbomben der alliierten Luftoperation »Gomorrha« vom 24. Juli bis 3. August 1943 versinkt die Stadt innerhalb von Tagen in Schutt und Asche. Menschen, die aus der Hölle glühend heißer Keller und Bunker nach draußen geflohen sind und sich gerettet glauben, fallen betäubt zu Boden, ersticken, verbrennen. Mit der Gewalt eines Orkans rast der Feuersturm durch Hamburgs Straßen, kostet Zehntausende das Leben, Hunderttausende das häusliche Dach.

»Nur die Schornsteine stachen wie Leichenfinger in den Spätnachmittagshimmel. Wie Knochen eines riesigen Skeletts. Wie Grabsteine.« Der junge Dichter und Soldat *Wolfgang Borchert*, im Mai 1945 aus den russischen Sümpfen mit einer infektiösen Gelbsucht zurück in seiner verwüsteten Heimatstadt Hamburg, verfasst um die Jahreswende 1946/1947 das Drama »Draußen vor der Tür«. Unheilbar krank, überwältigt vom Stoff und in fiebriger Rastlo-

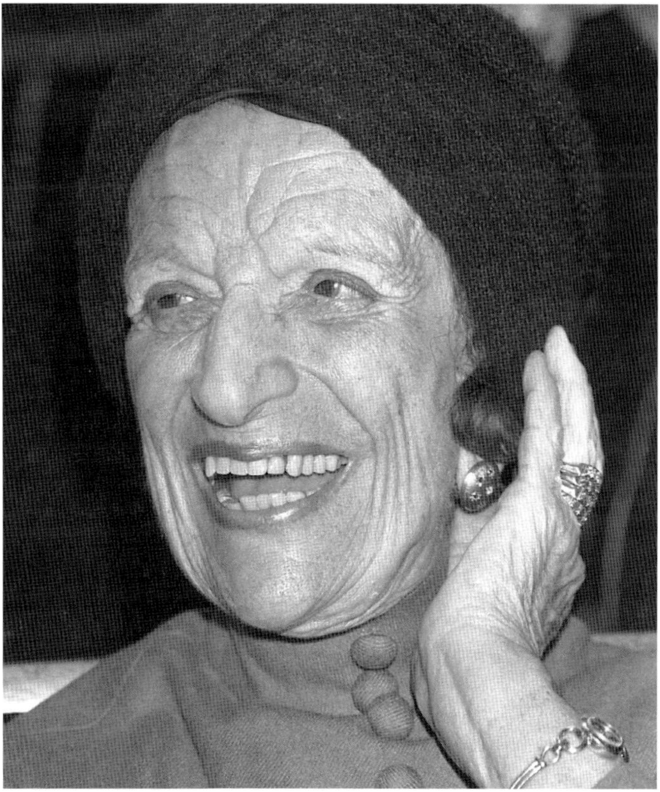

Die große Schauspielerin Ida Ehre kam aus Wien nach Hamburg und wurde Theaterprinzipalin an den Hamburger Kammerspielen.

sigkeit schreibt er es in nur knapp acht Tagen. In dem Stück verdichten sich die Stimmen von Millionen zu einer Anklage gegen den Krieg. Als Borchert es schreibt, denkt er nicht daran, dass es jemals auf der Bühne gezeigt werden könnte. Des Kriegsheimkehrers Beckmann letzte Worte:

»*Wo ist denn der alte Mann, der sich Gott nennt? Warum redet er denn nicht? Gebt doch Antwort! Warum schweigt Ihr denn?*

Ida Ehre mit Richard Münch 1952 in dem Brecht-Stück »Mutter Courage und ihre Kinder«. Eine Aufführung der Kammerspiele.

Warum? Gibt denn keiner Antwort? Gibt keiner Antwort? Gibt denn keiner, keiner Antwort???« Bevor sich am 21. November 1947 der Vorhang zur Uraufführung von Wolfgang Borcherts »Draußen vor der Tür« in den *Hamburger Kammerspielen* öffnet, tritt Intendantin Ida Ehre mit Regisseur *Wolfgang Liebeneiner* auf die Bühne und überbringt ihrem Theaterpublikum persönlich die bewegende Nachricht vom Tod des 26-jährigen Autors, die sie am Vortag erreicht hat.

»*Das Publikum ist aufgestanden*«, erinnert sich Ida Ehre später an diesen denkwürdigen Augenblick. »*Wir haben einige Minuten stillschweigend verbracht, bevor die Aufführung begann. Die Betroffenheit war so groß, dass zunächst nicht applaudiert wurde. Ich weiß nicht, ob es die Betroffenheit war darüber, dass Wolfgang Borchert tot war, oder ob das eindrucksvolle Stück das Publikum derart berührt hatte. Es war jedenfalls unendlich lange still – bis dann ein tosender Beifall ausbrach.«* Borcherts schmerzhaft eindringlicher Aufruf hatte den Nerv einer ganzen Generation von Beckmanns getroffen, »Draußen vor der Tür« wurde *das* Theaterstück der Nachkriegszeit. *»Ich will keine Zeile mehr schreiben können, wenn ich nur mal über die Straße gehen dürfte, mal wieder Straßenbahn fahren – und an die Elbe gehen«*, hatte der Autor kurz vor seinem Tod bekannt und gehofft, dass ihn ein Kuraufenthalt in der Schweiz heilen würde.

SIE BRINGT DIE THEATERKULTUR ZURÜCK

Die Kammerspiele – schon ab 1919, als *Erich Ziegel* sie am Besenbinderhof gründet, sind sie ein besonderes Theater und gehören mit Werken von Frank Wedekind, Bertolt Brecht und dem Hamburger Erzähler Hans Henny Jahnn zur Spitze der Avantgarde. Nach Kriegsende, noch im Sommer 1945, reicht die in Wien aufgewachsene jüdische Schauspielerin Ida Ehre bei der britischen Militärregierung den Antrag ein, in einem Theatergebäude in der Hartungstraße 9 die Hamburger Kammerspiele wiedereröffnen zu dürfen. Bis 1941 war der klassizistische Bau im Hamburger Stadtteil Rotherbaum Sitz des Jüdischen Kulturbundes, wurde nach dessen Liquidierung durch die Nazis geschlossen und später als Deportationsstelle genutzt.

Sie wolle ihrem Publikum ein Theater *»der Menschlichkeit und Toleranz«* zeigen, hat Ida Ehre erklärt: *»Ich hatte das Gefühl, etwas tun zu müssen, was den Menschen die Schläfrigkeit aus den Augen nimmt, die Müdigkeit aus dem Herzen treibt. Ich wollte sie zum Denken bringen, zur Überlegung: Wie war diese Zeit hinter uns, welche Verantwortung tragen wir dafür, was werden wir tun, um die Zukunft zu formen.«* Der Applaus will nicht enden, als Ida Ehre und ihr Ensemble am 10. Dezember 1945 in den Kammerspielen mit Robert Ardeys »Leuchtfeuer« Premiere feiern können.

Schon in den 20er-Jahren hat die in Wien ausgebildete Schauspielerin Erfolg und befindet sich am Anfang einer großen Karriere. Bei einem Gastspiel in Stuttgart lernt sie den Frauenarzt *Dr. Bernhard Heyde* kennen, heiratet ihn 1928 und bekommt im selben Jahr eine Tochter. 1933 verbieten die Nationalsozialisten der Jüdin, auf der Bühne zu stehen. Sie arbeitet von nun als Arzthelferin in der Praxis ihres »arischen« Mannes im württembergischen Böblingen. Am 9. November 1938, in der Reichspogromnacht, fliegt bei den Heydes ein Stein durch das Schlafzimmerfenster. Das Ehepaar beschließt, Deutschland zu verlassen, und reiht sich im Hamburger Hafen in die Schlangen der Auswanderer ein, die auf einen Dampfer nach Übersee warten. Aber das Schiff, das beide Emigranten mit ihrer kleinen Tochter Ruth nach Chile bringen soll, erhält vor den Azoren den Befehl, umzukehren und nach Hamburg zurückzufahren: Der Zweite Weltkrieg hat begonnen.

Für die Heydes ist Hamburg eine fremde Stadt. Die Umstände – keine Wohnung, keine Arbeit, kein Geld, keine Freunde – sind äußerst schwierig. Als Ehefrau eines »Ariers« muss Ida Ehre keinen Judenstern tragen, aber wenn sie auf der Parkbank »Für Juden verboten« liest und hört, dass inzwischen alle Synagogen in Hamburg zerstört und die jüdischen Gemeinden enteignet sind, dass sie weder ins Konzert noch ins Kino, geschweige denn in ihr geliebtes Theater gehen kann, zieht sich ihr Herz zusammen. 1943 lässt die Gestapo die Schauspielerin wegen eines unerlaubten Kurzauftritts in der »Wochenschau« in die Haftanstalt Fuhlsbüttel sperren. Man habe sie nur entlassen, weil ihr Mann mit SS-Reichsführer Himmler zur Schule gegangen sei und ihm seine familiäre Situation in einem persönlichen Brief geschildert habe, glaubte sich Ida Ehre später zu erinnern.

»Nicht hassen, nur lieben«, hatte die Mutter ihre Tochter Ida während des NS-Terrors zu ermutigen versucht, bevor sie selbst

Die Hamburger Kammerspiele in der Hartungstraße gelten als eine der wichtigsten deutschsprachigen Bühnen.

im KZ umkam. Ida Ehre in ihren Memoiren: »*Ich hörte den Mann sagen: Sie ist im ersten Stock, das Fenster ist offen. Aber sie muß in der Mitte stehen bleiben. Ich habe sie gesehen, ganz kurz. Wir warfen uns eine Kusshand zu, dann ging sie wieder zurück. Ich fragte den Mann, ob er wisse, wann der Transport losgehe. Heute Vormittag. Ich wartete, weil ich meine Mutter auf einem der Lastwagen zu entdecken hoffte. Schließlich sah ich sie, hoch aufgerichtet zwischen den anderen Menschen. Ich hörte noch ihre Worte: Auf Wiedersehen, meine geliebten Kinder. Sie wurde in Theresienstadt umgebracht.*« Eine von Ida Ehres Schwestern kam ebenfalls in Theresienstadt um.

1983. Im Fußballstadion von St. Pauli haben sich »Künstler für den Frieden« versammelt. Da erhebt sich die inzwischen über 80-jährige Ida Ehre und trägt das große Antikriegsmanifest von Wolfgang Borchert vor:

»Du. Mann an der Maschine und Mann in der Werkstatt. Wenn sie dir morgen befehlen, du sollst keine Wasserrohre und keine Kochtöpfe mehr machen – sondern Stahlhelme und Maschinengewehre, dann gibt es nur eins: Sag NEIN! ... Du. Mutter in der Normandie und Mutter in der Ukraine, du, Mutter in Frisko und London, du, am Hoangho und am Mississippi, du, Mutter in Neapel und Hamburg und Kairo und Oslo – Mütter in allen Erdteilen, Mütter in der Welt, wenn sie morgen befehlen, ihr sollt Kinder gebären, Krankenschwestern für Kriegslazarette und neue Soldaten für neue Schlachten, Mütter in der Welt, dann gibt es nur eins: Sagt NEIN! Mütter, sagt NEIN!«

Ida Ehre ist eine außergewöhnliche Frau. Häufig steht die Intendantin und Regisseurin selbst auf der Bühne. Unvergleichlich ihre Rolle als »Mutter Courage«. Als erste Frau wird sie Ehrenbürgerin der Hansestadt. *»Sie öffnete uns den Blick auf die geistige Landschaft der Welt: Wilder, Anouilh, Sartre, Giraudoux, Gogol, Frisch und viele andere ... keinem Künstler schulden wir mehr als Ida Ehre«*, schreibt Helmut Schmidt nach dem Tod der verehrten Freundin im Februar 1989.

EIN EHRENGRAB IN OHLSDORF

In Hamburgs Norden, an der Oberalster, liegt der *Ohlsdorfer Friedhof*, ein weitläufiger Parkfriedhof, der für sein reiches Grün und die Vielzahl prominenter Ruhestätten – auch der von Wolfgang Borchert – berühmt ist. Das Ehrengrab von Ida Ehre liegt gleich neben dem eines großen Kollegen. *Gustaf Gründgens*, Schauspieler und Regisseur, arbeitete in den 20er-Jahren an den Hamburger Kammerspielen. Und während seiner Intendanz am *Hamburger Schauspielhaus*, der »Ära Gründgens« von 1955 bis 1963, erreichte das Theater internationales Ansehen. Legendär: die »Faust«-Inszenierung, in der Gründgens und sein Starschauspieler Will Quadflieg gemeinsam auf der Bühne standen. Auch die aus Hamburg gebürtige *Elisabeth Flickenschildt* zog Gründgens allen anderen Regisseuren vor. In den 70er-Jahren holte der leidenschaftliche Theatermann Ivan Nagel mit Künstlern wie Luc Bondy, Jürgen Flimm und Peter Zadek das damals revolutionäre »Regie-Theater« nach Hamburg und machte das Deutsche Schauspielhaus **6** *(▸ J3)* zur wichtigsten deutschen Bühne.

In Hamburgs Altstadt, unweit des renommierten *Thalia Theaters* **29** *(▸ G/H4)*, liegt der *Ida-Ehre-Platz* **17** *(▸ H4)*. Er erinnert an die mutige Prinzipalin jener Privatbühne, der die deutsche Theaterkultur nach Krieg und Zensur ihren Neubeginn verdankt.

DEUTSCHES SCHAUSPIELHAUS **6** ▶ *J3*
Kirchenallee 39, Altstadt
www.schauspielhaus.de
▶ U- und S-Bahn: Hauptbahnhof

EHRE-GRAB
Ohlsdorfer Friedhof
Fuhlsbüttler Straße 756, Ohlsdorf
www.friedhof-hamburg.de
▶ U- und S-Bahn: Ohlsdorf

HAMBURGER KAMMERSPIELE
Hartungstraße 9, Rotherbaum
www.hamburger-kammerspiele.de
▶ U-Bahn: Hallerstraße

IDA-EHRE-PLATZ **17** ▶ *H4*
Altstadt
▶ U-Bahn: Mönckebergstraße

THALIA THEATER **29** ▶ *G/H4*
Altstadt, Alstertor
www.thalia-theater.de
▶ U- und S-Bahn: Jungfernstieg, U-Bahn: Mönckebergstraße

HEIDI KABEL

1914–2010

»Nee, ich bin nie auf die Idee gekommen, mich selbst zu verwirklichen. Dazu hatte ich keine Zeit.« Sätze der Volksschauspielerin Heidi Kabel. Sie hat Hamburg und ganz Deutschland erobert.

Ohnsorg-süchtig waren sie, ihre Fans. Fieberten freudig Samstag für Samstag dem Abend entgegen, wenn gleich nach der »Tagesschau« um Viertel nach acht endlich »Ohnsorg« kam. Seitdem das Fernsehen regelmäßig plattdeutsche Schwänke und Komödien direkt aus dem Hamburger *Ohnsorg-Theater* **21** *(▸ J 3)* sendete, war in vielen deutschen Wohnzimmern bei Salzstangen, Bier und Cola das Familienglück vollkommen.

Geblümte Kittelschürze, Schrubber, das Kopftuch im Nacken geknotet. Wie keine andere verkörperte Heidi Kabel die Nachkriegshausfrau. Sie musste noch gar keinen Ton gesagt haben, allein ihre Mimik und die sparsamen Gesten reichten, schon war die Wirkung da, und die Leute fingen an zu schmunzeln.

Ob Meta Boldt oder Mudder Mews, »Tratsch im Treppenhaus« oder Familienterror in einem kleinen Fischerhaus auf Finkenwerder: Wenn Heidi Kabel in die Rollen klatschsüchtiger Nachbarinnen oder keifender Hausdrachen schlüpfte, blieb kein Auge trocken. Und trat sie erst in Kombination mit *Walter Scherau*,

Sie war mehr als nur eine Volksschauspielerin: Heidi Kabel, Star des Ohnsorg-Theaters, gilt als eines der großen Hamburger Originale.

dem »Dicken«, oder *Henry Vahl*, dem ewig grantelnden »Opa«, auf, schlug sich das Publikum auf die Schenkel vor Vergnügen.

»Es gibt für mich nichts Schöneres, als mein Publikum zum Lachen zu bringen«, sagte die berühmte Volksschauspielerin Heidi Kabel einmal, die für ihren herzerfrischenden Wortwitz geliebt wurde und zu ihrer Heimatstadt Hamburg gehört wie die Elbe und der Michel.

Das Ohnsorg-Theater im Bieberhaus am Heidi-Kabel-Platz: Hier stand die Schauspielerin 66 Jahre lang auf der Bühne.

Die Straße *Große Bleichen* nahe der Binnenalster zählt zusammen mit dem parallel verlaufenden Neuen Wall zu Hamburgs vornehmen Innenstadtadressen. Im Haus Große Bleichen 30 wurde Heidi Bertha Auguste Kabel am 27. August 1914 als Tochter des Buchdruckers *Ernst Kabel* geboren. Gleich um die Ecke hatte Matthias Claudius früher gewohnt, ein paar Häuser weiter Heinrich Heines Onkel Salomon. Viele kleine Buchläden gab es hier, und gegenüber, Große Bleichen 25, hatte, nahezu schicksalhaft, die Niederdeutsche Bühne ihren Sitz. Vater Kabel, Mitglied des »Vereins geborener Hamburger e. V«, veranstaltete manchmal niederdeutsche Abende, dann sprachen alle Platt, und es ging lustig zu in der guten Stube bei den Kabels.

»Heidi, du nicht!«, wollte die Mutter ihre Tochter eines Nachmittags noch zurückpfeifen, aber da war die 17-Jährige schon aus dem Haus, um ihre Schulfreundin *Eva* zu *Richard Ohnsorg* von der Niederdeutschen Bühne zu begleiten, der ihre Freundin zum Vorsprechen dorthin eingeladen hatte.

Doch nicht Eva beeindruckte den Theaterleiter, sondern die schlagfertige Heidi. Plattdeutsch? Klar, das hatte sie als Kind gelernt! Ohnsorg gefiel das offene Lachen der »lütt Deern«, ihre erfrischend unkomplizierte Art. Das Mädchen hatte Talent! Heidi Kabel wurde Mitglied im Ensemble des später nach seinem Gründer benannten *Ohnsorg-Theaters* und nahm Schauspielunterricht.

HEIDIS TOCHTER WURDE AUCH SCHAUSPIELERIN

Der Begegnung auf der Bühne mit dem 14 Jahre älteren Schauspieler *Hans Mahler* folgte 1937 die Hochzeit, innerhalb von acht Jahren brachte Heidi Kabel drei Kinder zur Welt, *Jan-Rasmus, Heiko* und *Heidi.* Kaum war die kleine Heidi vier Jahre alt, sah ihre Mutter in ihr das Nachwuchstalent und nahm sie mit auf die Bühne: »Ich sollte ein Gedicht aufsagen und mochte das gar nicht«, erzählte Heidi Mahler. Mit 20 wurde sie tatsächlich ebenfalls Mitglied des *Ohnsorg-Theaters*, und oft stand sie mit der Mutter auf der Bühne. Die Zeiten waren schwer. Es war Krieg und das Geld knapp. Wenn die geringe Gage < reichte, griff Heidi Kabel zum Schifferklavier und besserte die Familienkasse durch Auftritte auf. Fleiß und eiserne Disziplin halfen ihr dabei. Sie habe es geschafft, *»zu Hause eine richtige Mutter und im Theater eine fantastische Schauspielerin«* zu sein, sagte die Tochter. Heidi Kabel verfügte über beides. Ihr Enkel wird es später »Disziplinwahn« nennen, von dem die Großmutter besessen gewesen sei.

Am 3. Januar 1954 feierte das Volksstück »Seine Majestät Gustav Krause« unter der Leitung des neuen Intendanten Hans Mahler im *Ohnsorg-Theater* Premiere. In den Hauptrollen: Walter Scherau als Gustav Krause und die 40-jährige Heidi Kabel als seine Frau Martha. Erzählt wurde die Geschichte vom tyrannischen

Pferdehändler Gustav Krause, der zu Geld kommt, an die schicke Elbchaussee zieht, sich dort wie ein Krösus aufführt und seine Zuneigung zwar seinen Tieren, doch nicht Frau und Kindern zeigen kann. Das Publikum wollte sich ausschütten vor Lachen.

Zwei Monate später, es war der 13. März 1954, wieder eine Premiere, die noch weitaus mehr für Herzklopfen sorgte: *»Alles war wahnsinnig aufregend und kribbelig. Vor allem das ganze Getüdel mit der Maske und den vielen Kameras war uns seinerzeit ja noch vollkommen unbekannt.«* Die Rundfunk- und Fernsehzeitung »Hörzu« hatte für diesen Tag eine Liveübertragung des Ohnsorg-Ensembles durch den Nordwestdeutschen Rundfunk aus dem alten Flak-Bunker auf dem Heiligengeistfeld angekündigt. Da Plattdeutsch für die Mehrzahl der Zuschauer schwer zu verstehen ist, wurde »Missingsch« gesprochen, der spezifisch hamburgische Dialekt: Hochdeutsch mit plattdeutschen Einsprengseln.

Zwar besaßen in der jungen Bundesrepublik Mitte der Fünfzigerjahre erst 70 000 Menschen einen Fernsehapparat, und natürlich guckten nicht alle »Ohnsorg«. Dennoch machte diese und machten die folgenden regelmäßigen Ausstrahlungen Heidi Kabel und ihre Kollegen über Nacht berühmt, und bald hatte sich die »Hamburger Deern« weit über die Waterkant hinaus bis nach Bayern in die Herzen des Publikums gespielt. Goldene Kamera, Bambi, Ohnsorg-Verdienstmedaille. Mehr als 160 plattdeutsche Stücke auf der Bühne und zahlreiche Fernsehfilme. Die Leute bogen sich vor Lachen, wenn sie »Klein Erna auf dem Jungfernstieg« sahen. Erheiternd ebenfalls die Serie »Erni und Heidi«, in der Heidi Kabel und die bayerische Volksschauspielerin *Erni Singerl* Witwen desselben Mannes spielten, die einander bei der Testamentseröffnung zum ersten Mal begegnen.

Ein erschütterndes Ereignis war der plötzliche Herztod ihres Mannes Hans Mahler 1970, während Heidi Kabel auf der Bühne

»To't Leben hört de Dood«: Das Grab von Heidi Kabel auf dem Kirchfriedhof Hamburg-Nienstedten.

stand. Man überbrachte ihr die traurige Nachricht in der Pause. Doch Heidi Kabel kannte kein Erbarmen. Sie beharrte darauf, die Vorstellung nicht abzubrechen, wollte noch zu Ende spielen. Aus Respekt vor dem Publikum, bekannte sie später. *»Sie ist so erzogen worden, dass man keine Gefühle zeigt und dass man das mit sich selbst ausmachen soll«*, so beschrieb sie ihre Tochter.

Sie spielte, bis sie 84 war. Am Silvesterabend 1998 präsentierte sie ihr Abschiedsstück: »Mein ehrlicher Tag«. *»Ich wollte in Würde abtreten, bevor ich meinen Text nicht mehr behalten kann«*, sagte sie einmal und hätte sich dennoch gewünscht zu spielen, *»solange der liebe Gott mich läßt«*.

Heidi Kabel, die 95 wurde und 66 Jahre ihres Lebens auf der Bühne stand, und Hans Mahler, der 40 Jahre früher, im Alter von 70 starb, sind auf dem *Friedhof in Nienstedten* beigesetzt, einem kleinen, idyllischen Kirchfriedhof nahe der Elbchaussee, auf dem zahlreiche Hamburger Fischer-, Schiffer- und Reederfamilien ihre Ruhestätten haben, auch Carl Hagenbeck, die Familie Reemtsma, die Kaffeeröster-Dynastie Darboven, der berühmte TV-Journalist Hanns Joachim Friedrichs und der Schriftsteller Hubert Fichte. Der Grabstein des legendären Ehepaars Kabel-

Mahler trägt die plattdeutsche Inschrift: »To't Leben hört de Dood«. Zum Leben gehört der Tod.

Die Hamburger lieben Heidi Kabel, sie wollen immer noch nicht glauben, dass die begnadete Darstellerin kauziger Allerweltsfiguren mit dem spitzen Humor die Lebensbühne auf ewig verlassen hat. So schafften sie ihr ganz schnell ein Denkmal: Die kleine energische Frau hat zwar keinen Schrubber in der Hand und trägt auch keine Filzpantoffeln, aber man erkennt sie an der Kittelschürze und den Beinen mit den hautfarbenen Nylons.

BEGEGNUNG AM HEIDI-KABEL-PLATZ

Heidi Kabel steht an jenem Platz vor dem neuen *Ohnsorg-Theater*, der ihr zu Ehren jetzt *Heidi-Kabel-Platz* heißt. Dort empfängt sie die Besucher mit ihrem freundlichen Lächeln, und wer sie einmal singen hörte, weiß, mit welcher Inbrunst sie jetzt einstimmen würde in das Lied von ihrer Liebe zu »Hammonia«, das sie selbst einmal reimte:

»Mein Hamburg, ich liebe dich, weil ich ein Kind von dir bin. Mein Hamburg, ich vermisse dich, wenn ich einmal nicht bei dir bin. 800 Jahre bist du alt, wie groß bist du geworden. Du bist der schönste Aufenthalt, das Paradies im Norden.

Hammonia, bleib' wie du bist, und schenk uns deinen Segen. Wir lieben dich, so wie du bist, bei Sonne, Wind und Regen. Der Michel und der Jungfernstieg, die Alster und die Bille, Champagner dann beim Derby-Sieg, ein Grog in der Destille. Sankt Pauli und der HSV und dann die Fischmarkt-Kauze und Tradition in Dunkelblau, die Mütze von Schmidt-Schnauze. Hammonia, bleib wie du bist … bei Sonne, Wind und Regen.«

Keine andere als Norddeutschlands quirlige Sängerin *Ina Müller*, in plattdeutscher Umgebung aufgewachsen und seit Kindheitstagen Fan von Heidi Kabel, schwenkte den Taktstock und stimmte zum gemeinsamen Gesang des Hamburg Liebesliedes an, nachdem sich Verehrer und Freunde der Volkstückheldin zu einem Fest vor dem *Ohnsorg-Theater* versammelt hatten, um die Enthüllung des Bronzedenkmals zu feiern und den Heidi-Kabel-Platz einzuweihen.

Die Premierenplätze waren schnell ausverkauft, als das neue *Ohnsorg-Theater* im Bieberhaus im Sommer 2012 ein Gastspiel des ehemaligen Gründgens-Schauspielers und Hans-Albers-Interpreten *Uwe Friedrichsen* ankündigte.

»Opa warrt verköfft« heißt der bewährte Schwankklassiker vom verkauften Großvater, einem regelrechten Schlitzohr, das es liebt, seinen Mitmenschen Streiche zu spielen. Einst entdeckte Richard Ohnsorg das Stück und bearbeitete es für seine Niederdeutsche Bühne.

In der Posse um den gerissenen Opa spielte Friedrichsen die Titelrolle. Der Schauspieler lernte Platt von Kindesbeinen an bei seinen Großeltern: *»Plattdeutsch ist kein norddeutscher Fischkopp-Dialekt, wie viele meinen, sondern eine eigene Sprache«.*

Und Heidi Kabel? »Sie war einmalig!«

KABEL-GRAB
Friedhof Nienstedten
Nienstedtener Marktplatz 19a, Nienstedten
www.kirche-nienstedten.de
▶ S-Bahn: Hochkamp, Bus: Sieberlingstraße

OHNSORG-THEATER 21 ▶ *J3*
Bieberhaus
Heidi-Kabel-Platz 1, Altstadt
www.ohnsorg.de
▶ U- und S-Bahn: Hauptbahnhof

HANNELORE SCHMIDT

1919–2010

HELMUT SCHMIDT

geb. 1918

Sie lernen sich in der Schule kennen und werden ein Paar. Weltkrieg, Flutkatastrophe, politische Krisen und das Ende seiner Kanzlerschaft schmieden sie noch enger zusammen. Bis der Tod sie scheidet.

Sie, ein schlankes Mädchen mit langen Beinen, größer als alle anderen Mädchen in der Klasse. Das zornig wird und schnell mal zuschlägt, wenn die Jungen auf dem Schulhof kichernd ein lang gezogenes »Weiber, Weiber« rufen. Er dagegen klein, der Kleinste unter den Knaben in den knielangen Hosen, aber einer, der genau weiß, was er will, und sich nicht den Mund verbieten lässt. Die zehnjährige Hannelore Glaser, Tochter eines Werftarbeiters aus dem Stadtteil *Hammerbrook*, und der gleichaltrige Helmut Schmidt, im östlich der Außenalster gelegenen *Barmbek* geboren und Sohn eines Berufsschullehrers, mögen sich auf Anhieb. Seit Ostern 1929 gehen sie in dieselbe Klasse in der *Lichtwark-Oberschule* am Grasweg im Stadtteil *Winterhude*.

Auf einer Bank im idyllischen *Stadtpark* tauschen die beiden Jugendlichen nicht nur Zärtlichkeiten aus, sondern rauchen heimlich auch die erste Zigarette. Reden viel und fragen sich bald, was es wohl damit auf sich haben mag, dass einige ihrer Lehrer den Aushang des »Stürmer« in ihrer Schule nicht dulden wollen.

Helmut Schmidt und seine Ehefrau Hannelore, genannt »Loki«, bei einem ihrer vielen Besuche im Ausland.

Zu Hause wird erzählt, dass Hitlers NSDAP inzwischen stärkste Fraktion im Rathaus ist. Hannelore Glaser, jeder wilden Pflanze auf der Spur und besessen von dem Wunsch, Botanikerin zu werden, tritt bald dem Bund Deutscher Mädchen (BDM) bei, und Helmut Schmidt, der Architekt werden will und Kapitän einer Hamburger Rudermannschaft ist, wird gleich mit seinem ganzen Verein von der Marine-Hitlerjugend vereinnahmt.

Die große Flut vom 16./17. Februar 1962. Weite Teile der Hansestadt standen unter Wasser, über 300 Menschen ertranken.

Der 17-Jährige organisiert Sportturniere und Kameradschaftsabende und nimmt im Sommer 1936 an einem Adolf-Hitler-Marsch von Hamburg nach Nürnberg zum Reichsparteitag der NSDAP teil. Nach dem Abitur wird Helmut Schmidt, wegen renitenten Verhaltens inzwischen aus der Hitler-Jugend ausgeschlossen, zum Wehrdienst eingezogen. Weil das Geld bei den Glasers knapp ist, kann Hannelore nicht Biologie studieren, sondern absolviert ein pädagogisches Studium und wird Volksschullehrerin.

Es ist Krieg. Die Wege der beiden trennen sich. Bis Anfang 1941 ein Brief aus Berlin die junge Lehrerin in Hamburg erreicht. Er habe Heimaturlaub und wünsche sich ein Wiedersehen, bevor er zurück an die russische Front müsse, schreibt ihr der junge Soldat, sie setzt sich in den Zug. *»Nach mehreren beiderseitigen Abkühlungen, Affären mit anderen und Wiederanknüpfungen hat jene eine gemeinsame Woche zur endgültigen Bindung geführt«*, erzählt Helmut Schmidt rückblickend. Eine Bindung, die nun auch kirchlich besiegelt werden soll, obgleich die Braut einem atheistischen Haus entstammt und erst noch getauft werden muss: *»Vielleicht würden wir das Ende des Krieges gar nicht erleben, deshalb wollten wir uns aneinander binden.«* Am 1. Juli 1942 heiratet der 23-jährige Oberleutnant Helmut Schmidt in der St.-Cosmae-und-Damiani-Kirche von Hambergen im niedersächsischen Teufelsmoor seine Schulfreundin Hannelore Glaser, die den Kosenamen »Loki« trägt. Auf einem vergilbten Foto: die Braut im selbst genähten weißen Kleid, einen großen Blumenstrauß im rechten Arm. Daneben der Bräutigam in Uniform.

IHR SOHN STIRBT NACH ACHT MONATEN

Sommer 1943. »Operation Gomorrha« heißt der Großangriff alliierter Bomber auf Hamburg, der den Hafen und viele Stadtviertel verwüstet. Auch durch die Straßen von Hammerbrook und Barmbek rasen die Feuerstürme. In diesem Inferno bringt Loki Schmidt am 26. Juni 1944 ihr erstes Kind zur Welt, *Helmut Walter Moritz*. Aber der Junge wird kaum acht Monate alt, er stirbt im Februar 1945, kurz bevor Oberleutnant Helmut Schmidt in der Lüneburger Heide in britische Kriegsgefangenschaft gerät – und der Zweite Weltkrieg im Mai 1945 ein Ende hat.

Es sind schwere, unvorstellbar schwere Zeiten. Dennoch überwiegen Optimismus und Motivation. Anpacken nach all dem Elend! Vor allem aber, sagt Helmut Schmidt, einen Beitrag leisten, dass *»all diese grauenhaften Dinge sich niemals wiederholen sollten in Deutschland. Das war die eigentliche Antriebskraft«*. Dank Lokis Arbeit als Lehrerin kann ihr Mann endlich mit seinem Volkswirtschaftsstudium beginnen und sein weiteres Leben planen: 1946 Eintritt in die SPD, 1947/48 Vorsitzender des Sozialistischen Deutschen Studentenbundes (SDS), 1949 Diplom als Volkswirt.

Ein glückliches familiäres Ereignis 1947 ist die Geburt der Tochter *Susanne*. Dann, 1953, Einzug in den Deutschen Bundestag. Als exzellenter Rhetoriker und scharfzüngiger Gegner des CSU-Politikers Franz Josef Strauß macht sich »Schmidt-Schnauze« zwar nicht immer beliebt, doch er ist schnell populär. In seiner typisch nordisch-nüchternen Art scheut er sich nicht, seine Meinung zu sagen. Widersacher treffen seine Sätze oft wie Pfeilspitzen. Unter den Ersten Hamburger Bürgermeistern *Paul Nevermann* und *Herbert Weichmann* wird Helmut Schmidt 1961 Senator der Polizeibehörde der Freien und Hansestadt Hamburg und ab 1962 Innensenator.

Hamburg liegt im Tiefschlaf, als in der Nacht vom 16. auf den 17. Februar 1962 ein Orkan an der Nordseeküste tobt. Mit rasender Geschwindigkeit treibt er große Wassermassen in die Elbe, und um Mitternacht gehen bei der Hamburger Feuerwehr die ersten Meldungen ein, dass eine riesige Flutwelle, mit 5,70 Meter über Normalnull die höchste aller Zeiten, die Deiche bei Neuenfelde und Altenwerder im Süden der Stadt durchbrochen hat.

Weitere Deiche brechen, am Ende sind es 61, ein Sechstel der Stadt steht unter Wasser. Besonders schlimm sieht es in den Kleingartensiedlungen auf den Elbinseln aus. Zehntausende sind von der Außenwelt abgeschnitten. Menschen fliehen auf die Dächer ihrer Häuser und winken in Todesangst um Hilfe. Hamburgs Rettungskräfte sind auf eine solche Katastrophe nicht vorbereitet und heillos überfordert. Am Morgen des 17. Februar um 6.40 Uhr übernimmt Helmut Schmidt die Einsatzleitung. Für diese Ausnahmesituation gibt es keine Verordnungen, angesichts der Naturkatastrophe handelt er im Alleingang: Zur Unterstützung fordert der Senator sogar Einheiten der Bundeswehr und der NATO an. Er koordiniert die Rettungs- und Hilfsmaßnahmen. »Ich tat einfach nur das, was getan werden musste«, erklärte Helmut Schmidt

Das Loki-Schmidt-Haus im Botanischen Garten der Universität Hamburg. Loki hatte sich für den Schutz von Pflanzen eingesetzt.

später sein Krisenmanagement, das zahlreichen Menschen das Leben rettete. Die Zahl der Opfer wäre sonst wesentlich höher als die über 300 Menschen, für die jede Hilfe zu spät kam.

Hamburg-Langenhorn zählt nicht gerade zu den repräsentativen Vierteln. Hier hat Fritz Schumacher als Oberbaudirektor in den 20er-Jahren eine vorbildliche Arbeitersiedlung bauen lassen. Im Auftrag der Baugenossenschaft Neue Heimat ist gerade ein Komplex Reihenhäuser fertig geworden. Roter Klinker, kein Schnickschnack – genau das Richtige für Familie Schmidt. 1961 bezieht sie im *Neuberger Weg* eine Doppelhaushälfte mit Garten, und wenn der SPD-Ortsverein den Tag der Arbeit feiert, sieht man auch den Senator und seine Frau beim »Tanz in den Mai«. Wer kann zu diesem Zeitpunkt schon ahnen, dass eines Tages Staatsgäste im *Neuberger Weg* vorfahren und bei Schnittchen und Wein politische Gespräche auf höchster Ebene führen werden.

Schmidt, in der Regierung *Willy Brandt* Verteidigungs- und Finanzminister der sozialliberalen Koalition, wird 1974 Bundeskanzler. Acht Jahre lang, bis 1982, pendeln Helmut und Loki Schmidt zwischen Langenhorn, dem Kanzleramt in Bonn und ihrem Wochenendhaus am Brahmsee in Schleswig-Holstein. Die Regierungszeit von Helmut Schmidt war turbulent. Die Ölkrise mit einer weltweiten Rezession, der Terror der RAF mit der Entführung der Lufthansa-Maschine »Landshut« nach Mogadischu – das waren die großen Herausforderungen.

Die Bewältigung dieser Krisen hat den »Macher« Schmidt im Bewusstsein der Bürger bis heute geprägt. Dahinter verschwindet oft der andere Schmidt, der, selbst ein passionierter Pianist, mit seiner Frau Loki klassische Musik hört, Schach spielt und Freundschaften zu Musikern, Schriftstellern und Malern pflegt. Siegfried Lenz ist ein enger Freund. Die Kunstsammlung der Schmidts offenbart eine Kennerschaft, der eine respektvolle Liebe zu den Künsten zugrunde liegt.

EIN LEBEN FÜR DIE UMWELT UND PFLANZEN

Im Spätsommer 1982 scheitert die von Schmidt geführte sozialliberale Koalition an einem konstruktiven Misstrauensvotum der Opposition. Unvergessen der versteinerte Blick, als Helmut Schmidt dem neuen Bundeskanzler *Helmut Kohl* die Hand zum Glückwunsch reicht. Doch diese Niederlage hat der kettenrauchende Schmidt, für den bis heute Sonderregelungen des Rauchverbots gelten, inzwischen längst überwunden. Denn das unmissverständliche Wort und die klaren Einsichten des Elder Statesman werden immer noch hoch geschätzt und haben Gewicht in schwierigen gesellschaftlichen und wirtschaftspolitischen Fragen.

Als »Angeheiratete der Politik« führe sie ein »etwas seltsames, anderes Leben« an der Seite ihres Ehemanns, hat Loki einmal gesagt. Rote Teppiche liegen ihr nicht. Aber sie weiß das Licht der Öffentlichkeit zu nutzen und kämpft für ihre Herzenssache, die Umweltforschung, richtet die »Stiftung zum Schutz gefährdeter Pflanzen« ein und lässt jeweils die »Blume des Jahres« küren. Im Botanischen Garten der Universität Hamburg im Elbvorort Flottbek steht ein leuchtend blauer Kubus. *Loki-Schmidt-Haus* heißt der nach ihr benannte Bau, der eine Botanische Sammlung von mehr als 50 000 Objekten beherbergt.

Die Glocken von St. Michaelis **27** *(▸ D 5)* sind weithin zu hören, als am 1. November 2010 die Trauerfeier für die 91-jährige Loki Schmidt stattfindet. Das Orchester spielt die Ouvertüre in h-Moll von Bach, dem Lieblingskomponisten der Schmidts. Weiße Lilien schmücken den Sarg, daneben ein Foto der Verstorbenen: ein Lachen unter dem dunklen kurzen Haar, ein offener Blick auf die Welt.

Seit dem Tod seiner Frau sind die Auftritte des betagten Ehrenbürgers der Stadt und »Zeit«-Herausgebers seltener geworden, doch immer noch mischt sich der alte Herr in die Weltpolitik ein, hält Vorträge, liest und schreibt Bücher. Es ist ein Phänomen: Über Parteigrenzen hinweg ist sein Rat gefragt, mit seinem klaren Verstand brilliert er in zahlreichen Talkshows. *»Ich arbeite weiterhin 40 bis 50 Stunden pro Woche, bis ich müde bin«*, sagt Helmut Schmidt. Staatsmann, Weltbürger und Hanseat par excellence.

LOKI-SCHMIDT-HAUS
Botanischer Garten
Ohnhorststraße 18, Klein Flottbek
www.loki-schmidt-haus.de
▶ S-Bahn: Klein Flottbek

STADTPARK
Winterhude
▶ U-Bahn: Saarlandstraße oder Borgweg, S-Bahn: Alte Wöhr

RUDOLF AUGSTEIN

1923–2002

Ein junger Mann aus Hannover kommt aus dem Krieg, gründet die Zeitschrift »Der Spiegel« und schreibt damit bundesdeutsche Geschichte: Sein Blatt wird zum »Sturmgeschütz der Demokratie«.

Kanäle, Schiffe, Lagerhäuser, Eisenbahnbrücken. Am Himmel ein paar silbergraue Wolkenfetzen. Über einem sturmflutsicheren Sockel aus rotem Backstein erhebt sich ein spitznasiger Palast aus Glas, Stahl und Beton mit einem spektakulären »Fenster zur Stadt« in der nördlichen Fassade, 13 Stockwerke hoch. Im Erdgeschoss liegt die Kantine für die mehr als 1000 Mitarbeiter, davor, zum Wasser hin, eine großzügige Terrasse mit Gestühl unter Bäumen und Platz zum Flanieren. Ericusspitze 1 lautet die Adresse des neuen *»Spiegel«-Verlagshauses* **25** *(▸ H/J 6)* im äußersten Osten der *HafenCity* **8** *(▸ G 7)*, an deren westlichem Ende das architektonische Wunderwerk *Elbphilharmonie* **7** *(▸ E 7)* steht. »Der Spiegel« erscheint wöchentlich, montags. Verkaufte Auflage: knapp eine Million. Leser: rund sechseinhalb Millionen. Herausgeber: Rudolf Augstein (1923–2002). Sein Name ist mit der Geschichte des Magazins verbunden wie kein anderer.

Als Rudolf Augstein, Ehrenbürger der Hansestadt, im November 2002, zwei Tage nach seinem 79. Geburtstag, stirbt, trägt

Rudolf Augstein war der Gründer und Herausgeber des Nachrichtenmagazins »Der Spiegel«.

Hamburg nicht nur den Gründer des erfolgreichsten deutschen Nachrichtenmagazins zu Grabe, sondern auch den bedeutendsten Publizisten der Nachkriegszeit. Ein schlichter Stein auf dem kleinen Friedhof im Dörfchen *Keitum* auf der Nordseeinsel Sylt, wohin es ihn häufig in sein Ferienhaus zog, erinnert an ihn.

Journalist werden? Nein, diesen Wunsch hat der Schüler Augstein nicht. Schreiben ja, er kann sich ein Leben als Schriftsteller

Im September 2011 ist die Spiegel-Gruppe in das neue Verlagsgebäude an der Ericusspitze in der HafenCity umgezogen.

vorstellen oder als Professor. Germanistik studieren, vielleicht. Doch erst einmal Tanzunterricht, und während seine fünf älteren Schwestern Klavier lernen, entscheidet sich der kleine, zart wirkende Rudolf, der gern singt und als Erwachsener häufig Wagner hören wird, lieber für Harmonielehre.

Die Mutter: *Gertrude Maria Augstein*, katholisch, eine zurückhaltende Frau, die ihren Haushalt im ersten Stock eines Mietshauses in Hannover mit Hausmädchen und Kinderfrau liebevoll, aber streng zu führen versteht. Der Vater: *Friedrich Augstein*, katholisch, deutsch-national, doch ein »ferventer Antinazi«, wie Sohn Rudolf ihn später schildert, ehemaliger Kamerafabrikant und Eigentümer des Geschäfts »Photo Augstein« in Hannover. Vater und Sohn können gut miteinander.

Morgens um sieben gemeinsames Frühstück, vor dem Mittagessen ein Tischgebet, am Sonntag der gemeinsame Gang zur

Messe. Früh assistiert Rudolf bei den Jesuiten als Messdiener, und wenn die Patres über religiöse und politische Fragen diskutieren, beteiligt sich der Gymnasiast mit vitalem Interesse.

Frühsommer 1941. Es ist Krieg. Sein Abitur hat der 18-Jährige mit einer Eins in Deutsch abgeschlossen, jetzt stellt sich die Frage, wie es weitergehen soll, wenn der Arbeitsdienst hinter ihm liegt. Augstein, der viel liest und selbst Gedichte schreibt, möchte nun doch Journalist werden. Ein Metier, das er von der Pike auf lernen will. Er bewirbt sich als Volontär im Feuilleton des »Hannoverschen Anzeigers« und ist dort tätig, bis er 1942 an die Front muss. Er versuche so gut wie eben möglich »anständig durch den Krieg zu kommen«, schreibt der 20-jährige Soldat im Spätsommer 1943 an die sorgenvollen Eltern. Zwischen den Zeilen gibt er ihnen zu verstehen, dass er Hitlers Nationalsozialismus zutiefst ablehne, sich aber zu Deutschland als seinem Vaterland und kulturellem Erbe bekenne und, wie die Mehrzahl der Deutschen, an ein siegreiches Ende des Krieges glaube.

AUGSTEINS SPITZE FEDER IST GEFÜRCHTET

Am 4. Januar 1947 erscheint im Verlagshaus des »Hannoverschen Anzeigers« eine neue Zeitschrift, die sich »Der Spiegel« nennt. Herausgeber und Chefredakteur: der 23-jährige Rudolf Augstein, heil aus dem Krieg zurück und entschlossen, seine Chance zu nutzen. Gnadenlos kritisch seziert das neue Magazin, das eine Mark kostet, die politischen und gesellschaftlichen Zustände im Adenauer-Deutschland, spürt auf, wo Skandale sich verbergen, enthüllt Heuchelei und Korruption und legt die Nester frei, in denen ehemalige Nazis wirken. Mit scharfer Zunge und spitzer Feder zieht Rudolf Augstein unter dem Pseudonym Jens Daniel gegen die Westpolitik des Kanzlers der neuen Bundesrepublik zu Felde und fordert, wie *Willy Brandt*, die deutsche Einheit.

Regel Nummer eins, die Herausgeber und Redaktion zur Grundlage ihres Blattes machen: »*Alle im ›Spiegel‹ verarbeiteten und verzeichneten Nachrichten. Informationen, Tatsachen müssen unbedingt zutreffen. Jede Nachricht und jede Tatsache ist … peinlichst genau nachzuprüfen.*« Heute gilt das mit mehr als 80 Mitarbeitern besetzte »Spiegel«-Archiv als die weltweit größte Dokumentations- und Rechercheabteilung eines Nachrichtenmagazins.

Allwöchentlich fiebern Schüler, Studenten und eine vorwiegend junge intellektuelle Leserschaft anfänglich dem Samstag, später dem Mittwoch und schließlich dem Montag entgegen, wenn das neue »Heft« am Kiosk zu kaufen ist. Die kühle, oft hämische Schreibe des Blattes wird als typischer »Spiegel«-Stil berühmt, das »Spiegel«-Gespräch mit den Großen der Zeit für viele zur unentbehrlichen Lektüre, und Augstein gilt als moralischer, bisweilen brillant argumentierender Zuchtmeister der Nation.

Er polarisiert ebenso wie ein anderer großer Hamburger Verleger, den man durchaus als Gegenspieler bezeichnen kann. Doch während Augstein und seine Journalisten beim publizistischen Gefecht zum Florett greifen, hauen und stechen die »Truppen« des *Axel Cäsar Springer* mit schweren Säbeln. Gleichwohl haben beide Männer quasi aus dem Stand eine ähnliche brillante Karriere hingelegt und auf ihre Art das Nachkriegsdeutschland geprägt, wobei Springer sicherlich die größere, auch macht- und sendungsbewusstere Verlegerpersönlichkeit ist.

Er gründet die Massenblätter »Bild« und »Bild am Sonntag« sowie die »Hörzu«, er handelt der britischen Besatzungsmacht sein stramm konservatives journalistisches Flaggschiff »Die Welt« ab. Sein Zeitungsverlag war (und ist) der größte Europas. Doch im Gegensatz zu Augstein kann Springer die Verwirklichung seines großen politischen Lebenstraums, die deutsche Wiedervereinigung, nicht mehr miterleben.

Die orange-rote Kantine des ehemaligen »Spiegel«-Hauses steht heute im Museum für Kunst und Gewerbe.

Hamburg, 1962. Am 26. Oktober kurz nach 21 Uhr stürmen BKA-Beamte in einer Nacht-und-Nebel-Aktion die Räume der »Spiegel«-Redaktion im Hamburger Pressehaus am Speersort, seit 1952 die neue Adresse des Magazins, wo sich die Redaktion der »Zeit« mit ihrem Verleger *Gerd Bucerius* ebenso befindet wie die Illustrierte »Stern« unter *Henri Nannen.* »Verdacht auf Landesverrat«, lautet der Haftbefehl gegen Rudolf Augstein.

Unter dem Titel »Bedingt abwehrbereit« war in der »Spiegel«-Nummer 41 vom 10. Oktober 1962 ein Artikel erschienen, in dem Redakteur *Conrad Ahlers* vertrauliche Dokumente der Bundeswehr zu NATO-Manövern zitiert hatte. Bundesverteidigungsminister *Franz Josef Strauß* ließ Ahlers daraufhin verhaften. Zwei Tage später stellt sich Rudolf Augstein freiwillig der Polizei. Vor dem Hamburger Gefängnis »Santa Fu«, in das man ihn eingesperrt hat, solidarisieren sich die Studenten und skandieren: »Spiegel tot – Freiheit tot« und »Augstein raus – rein mit Strauß«. Das brutale Vorgehen des Staates entrüstet die Öffentlichkeit, die darin einen schweren Eingriff in die Pressefreiheit sieht. Mehr als drei Monate sitzt der »Spiegel«-Herausgeber in U-Haft, dann wird er aus Mangel an Beweisen entlassen.

Die Eskalation der Auseinandersetzung zwischen Strauß und dem Nachrichtenmagazin geht als sogenannte »Spiegel«-Affäre in die Geschichte ein. Sie hat nicht nur eine der schwersten innenpolitischen Krisen seit Bestehen der Bundesrepublik und den Rücktritt des Verteidigungsministers zur Folge, sondern läutet ebenfalls den längst fälligen Abschied von der Tradition deutschen Obrigkeitsstaats-Denkens ein.

»Der Spiegel« wächst und mit ihm seine publizistische Macht. Rudolf Augstein hat daraus Deutschlands einflussreichstes Wochenblatt gemacht. Wer das Magazin liest, hat das Gefühl, politisch, wirtschaftlich und kulturell auf anspruchsvollem Niveau informiert, mehr noch, allein durch die Lektüre am demokratischen Diskurs des Landes in gewisser Weise beteiligt zu sein.

Im Januar 1969 ziehen Verlag und Redaktion in einen 12-geschossigen Glasbau an der Brandstwiete. Die berühmte Kantine in schrillem Rot-Orange und Violett mit den halbmondförmigen Lampen ist legendär. Sie steht inzwischen unter Denkmalschutz und wird als Zeitdokument der 60er-Jahre im *Museum für Kunst und Gewerbe* **20** *(▸ J4)* aufbewahrt.

ER VERDIENT UND VERSCHENKT MILLIONEN

Unter Hamburgs Reedern und Kaufleuten ist es seit Generationen Brauch, sich als Zeichen ihres Erfolgs neben dem Stadtpalais eine Residenz am Elbufer zuzulegen – Rudolf Augstein erwirbt ein weitläufiges Parkgelände im feinen Elbvorort Nienstedten. Um die üppig gedeckten Tische in seinem reetgedeckten Haus versammeln sich Hamburgs Verleger und die Crème der Medien genauso wie Männer aus der Politik, Literaten und Künstler. Viele besuchen ihn auch in der Bucht von Saint-Tropez, wo er in seinem Bungalow Ferien macht und nachts die Wildschweine grunzen, die bei Brigitte Bardot im angrenzenden Wald nach Eicheln wühlen.

Rudolf Augstein und sein »Spiegel« machen Millionen, doch der Herausgeber verteilt großzügig, wo er kann, bringt einen Teil seines Vermögens in eine Familienstiftung ein, die sich für Menschen in Not, Journalismus und Kunst engagiert, und trifft die sensationelle Entscheidung, künftig allen Mitarbeitern seines Magazins 50 Prozent des »Gewinns nach der Handelsbilanz« zu schenken– ein Beschluss mit weitreichenden Konsequenzen.

Fünfmal war Augstein verheiratet und viermal geschieden, aus den fünf Ehen gingen vier Kinder hervor. Zuletzt, schon sehr krank, kämpfte der Herausgeber dafür, seine Tochter *Franziska* oder den Sohn *Jakob* zu Erben seines publizistischen Imperiums zu machen, damit der Name Augstein den »Spiegel« über seinen Tod hinaus präge. Diesen Kampf hat er verloren.

Man würde sich wünschen, Rudolf Augstein könnte das »Sturmgeschütz der Demokratie«, wie er seinen »Spiegel« einmal schelmisch lächelnd nannte, in seiner neuen gläsernen Hülle am Hafen sehen. Es steht hier sturmflutsicher, und der Wind weht ihm gut um die Nase.

ELBPHILHARMONIE **7** ▸ *E7*
Am Kaiserkai, HafenCity
www.elbphilharmonie-erleben.de
▸ U-Bahn: Baumwall

MUSEUM FÜR KUNST UND GEWERBE **20** ▸ *J4*
Steintorplatz, St. Georg
www.mkg-hamburg.de
▸ U-Bahn: Hauptbahnhof Süd

»SPIEGEL«-VERLAGSHAUS **25** ▸ *H/J6*
Ericusspitze, HafenCity
www.hafencity.de
▸ U-Bahn: Steinstraße

UWE SEELER

geb. 1936

Der HSV-Star von einst ist mehr als nur eine Fußball-Legende. Er steht für das geradlinige, heimattreue Hamburg. Für hanseatische Tugenden, die in dieser Stadt nach wie vor Bestand haben.

Der Fuß eines Riesen. Klobig, gewaltig. Wirkt irgendwie abschreckend, selbst wenn die Bronze friedlich im Sonnenlicht schimmert. Auf den ersten Blick mag man diese Skulptur nicht als Kompliment verstehen, doch vielleicht ist das auch gar nicht beabsichtigt. Denn einst hat dieser Fuß Furcht und Schrecken verbreitet. Er steht an der Sylvesterallee im Altonaer Volkspark, einen Steinwurf vom HSV-Stadion entfernt, das jetzt *Imtech Arena* heißt. Die Künstlerin *Brigitte Schmitges* hat den monumentalen Fuß, 5,15 Meter lang, 3,5 Meter hoch und vier Tonnen schwer, in Bronze gießen lassen. Im Maßstab 1:20, denn die Originalgröße seines Besitzers hätte nicht besonders viel hergemacht: Er misst gerade mal 1,68 Meter, und seinen Fuß könnte man getrost als zierlich bezeichnen. Dennoch hat er viel mehr damit angefangen können als die allermeisten anderen Menschen mit ihrem rechten Fuß.

Der Mann heißt Uwe Seeler, und in seiner Glanzzeit war er einer der besten Mittelstürmer der Welt. Einer, der sich gegen

Ein Hamburger Jung' wie aus dem Bilderbuch: Uwe Seeler, Fußballstar und unverwüstliches Idol der Hansestadt.

furchterregende Verteidiger durchwuselte, oder wie es der frühere Bundestrainer der deutschen Fußballnationalmannschaft, *Sepp Herberger*, gesagt hat: *»Keiner besitzt das Talent wie Uwe Seeler, auf engstem Raum gegen die stärkste Bewachung so viel Wirkung zu erzielen.«*

Er schoss Tore wie am Fließband, 550 waren es in den 18 Jahren seiner aktiven Karriere beim HSV und in der Nationalmann-

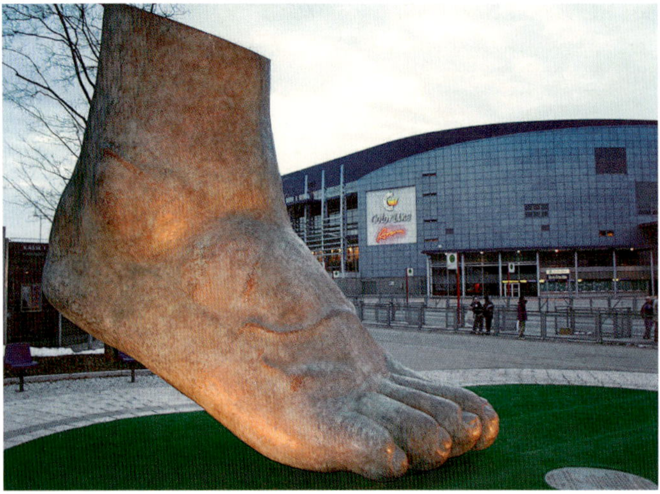

Der rechte Fuß Uwe Seelers als monumentales Denkmal steht vor dem HSV-Stadion im Altonaer Volkspark.

schaft, im Durchschnitt also über 30 Tore pro Jahr – eine Quote, von der Fußballfans noch heute träumen …

Hamburg, HSV, Seeler – ein Dreiklang, der immer noch höchste Emotionen zu erwecken vermag. Der Hamburger Sportverein gehört zu den populärsten deutschen Clubs. Im HSV-Museum in der *Imtech Arena* stehen die Trophäen der Erfolge aufgereiht in Vitrinen: sechs Deutsche Meisterschaften, dreimal Deutscher Pokalsieger, einmal Europapokalsieger der Pokalsieger (1977), einmal Europapokalsieger der Landesmeister (1983).

Uwe Seeler ist das Herz des HSV, besser gesagt: das Herz des alten HSV: geradeaus, ehrlich, heimattreu. Alles Eigenschaften, wie sie in der Welt des modernen Fußballs antiquiert wirken, in Hamburg jedoch nach wie vor ihre Gültigkeit haben und in ihrer Sinnbildhaftigkeit angestrebt werden. Ehrlich, schnörkellos, verlässlich und heimattreu sollte er sein – der Hamburger Jung'. »Mit der Heimat im Herzen die Welt umfassen«, formulierte vor über 100 Jahren der Hamburger Dichter Gorch Fock dieses hanseatische Ideal, das wesentlich später der Hamburger Verleger Axel Springer als Sinnspruch und Botschaft auf die Titelseite seines »Hamburger Abendblatts« drucken ließ.

Uwe Seeler kam und kommt als Fußballer und Hamburger Bürger diesem Ideal sehr nahe. Als er 1961 vom italienischen Spitzenverein Inter Mailand ein Angebot in Höhe von 1,2 Millionen Mark erhielt – damals eine der höchsten Ablösesummen überhaupt – und damit Tausende seiner Fans in Panikstimmung versetzte, entschied er sich nach kurzer Überlegung für den HSV und seine Heimatstadt. Er konnte und wollte Hamburg nicht verlassen und hat es bis auf den heutigen Tag nicht getan. Auch das macht ihn zu einem der bekanntesten und beliebtesten Menschen der Elbmetropole. 2003 wurde er als erster Sportler zum Ehrenbürger Hamburgs ernannt.

ALLES GEHT AUF ERWIN SEELER ZURÜCK

Der Name Seeler hatte in Hamburg bereits einen beachtlichen Klang, lange bevor der kleine Uwe gegen den Ball trat. Sein Vater *Erwin Seeler*, ein Hafenarbeiter aus Rothenburgsort, war von 1929 bis nach Ende des Zweiten Weltkriegs einer der populärsten Kicker der Hansestadt. Er begann seine sportliche Karriere in der Arbeitersportbewegung und spielte für den FTSV Lorbeer Rothenburgsort. Mit seinen Toren trug er sogar zu einer Bundesmeisterschaft des Arbeitsportbundes bei, und 1931 erzielt Erwin Seeler bei im Viertelfinalspiel der Arbeiterolympiade sieben Tore im Spiel Deutschland gegen Ungarn, das 9:0 endete.

Kein Wunder, dass Erwin Seeler von anderen Hamburger Vereinen umworben wurde; kein Wunder auch, dass er irgendwann dem nachgab, denn in der Arbeiterbewegung war mit Fußball kein Geld zu verdienen. Also schloss sich Seeler 1932 Victoria Hamburg an, einem Verein für die besseren Stadtteile wie *Eppendorf*, Hoheluft und Lokstedt. Angeblich hatte man ihm für den Wechsel eine Wohnung in Eppendorf geboten. Sozialdemokratische Kreise haben diesen Wechsel vom hafennahen Arbeiterviertel in die bürgerliche Stadt lange nicht verwinden können, und einige sahen darin eine Art Verrat. »Verirrte Proletarier«, schrieb das SPD-Blatt »Hamburger Echo« über den Umzug von Seeler senior, der sich dann 1938 dem HSV anschloss.

Uwe Seeler und sein älterer Bruder *Dieter*, mit dem er übrigens später zusammen spielen und viele Erfolge erringen sollte, wurden also als echte Eppendorfer geboren. Sie gingen in *Eppendorf* zur Schule, nach deren Abschluss Uwe eine Lehre als Speditionskaufmann absolvierte. Da hatte der Vater seine Söhne schon längst – im Jahr 1946 – beim HSV angemeldet, wo man sofort vor allem das außergewöhnliche Talent Uwes erkannte.

Mittelstürmer – das war seine Position, obwohl er dafür eigentlich nicht die körperlichen Voraussetzungen mitbrachte. Doch der Kleine setzte sich auch durch, wenn es mal knüppelhart wurde. Angst schien er nicht zu kennen, und besonders erstaunlich war, dass er bei Kopfbällen meist Sieger blieb. Später hat er einmal beklagt, dass er sich so vorzeitig eine Glatze zugezogen habe. Mit 16 Jahren durfte er zum ersten Mal – mit einer Sondergenehmigung – in der ersten Mannschaft ran, ab 1954 gehörte er zur Stammbesetzung.

1960 konnte der HSV im Endspiel gegen den 1. FC Köln seine dritte Deutsche Meisterschaft erringen. Uwe Seeler schoss beim 3:2-Sieg im Frankfurter Waldstadion zwei Tore für seine Mannschaft, in der außer seinem Bruder Dieter auch noch ungewöhnliche Spieler wie *Charly Dörfel, Klaus Stürmer, Gerhard Krug* und *Jürgen Werner* gestanden haben. Es heißt, dass Krug, nach dem

Der Hamburger Sportverein, kurz HSV genannt, ist einer der traditionsreichsten deutschen Clubs und Gründungsmitglied der Bundesliga.

Fußball beim Magazin »Stern« und MDR ein sehr erfolgreicher Journalist, und Werner, der später für die Referendarsausbildung an Hamburger Gymnasien zuständig war, sich des Öfteren in der Halbzeitpause auf Latein unterhielten, was die Seeler-Brüder stets auf die Palme gebracht habe.

»Uwe-Uwe« war nicht nur in den deutschen Stadien zum Schlachtruf der Fans geworden. Zum letzten Mal skandierten sie ihn am 1. Mai 1972 im Volksparkstadion; da war der HSV schon längst von seiner alten Kampfstätte im Stadion an der Rothenbaumchaussee, das dann 1997 endgültig abgerissen wurde, umgezogen. Es galt den Rücktritt ihres Idols Uwe Seeler mit einem Spiel gegen eine Weltauswahl zu feiern. Und alle Großen kamen: unter anderem erwiesen *Franz Beckenbauer, Bobby Charlton, Éusebio, George Best, Karl-Heinz Schnellinger* und *Gordon Banks* dem Hamburger Jung' die Ehre.

Allerdings ist er dann noch einmal im greisen Fußballeralter von 41 Jahren angetreten, fern von Hamburg und der Elbe: Auf Bitten des Sportartikelausrüsters Adidas bestritt er am 23. April 1978 ein Gastspiel beim Cork Celtic FC in der Ersten Irischen Division. Cork verlor gegen die Shamrock Rovers 6:2; die beiden Celtic-Tore schoss – natürlich – Uwe Seeler.

Die klassische Ruhestandskarriere eines Fußballers mit Lottoannahmestelle, Kneipe und Kiosk ist an Seeler vorbeigegangen. Dafür war seine Popularität einfach zu groß. Gewiss, er hatte mal eine Tankstelle, er vertrat die Firma Adidas als Repräsentant, er warb für eine Bekleidungsfirma. Mehr Glanz trugen ihm die Ämter als »Ehren-Schleusenwärter« der Stadt Hamburg oder »Ehrenkapitän der Rickmer Rickmers«, des schönsten Schiffs im Hamburger Hafen, ein. Er wurde mit dem »Bambi« ausgezeichnet und spielte an der Seite von Heinz Ehrhardt in dessen Film »Willi wird das Kind schon schaukeln«. Als HSV-Präsident von 1995 bis 1998 war sein Wirken allerdings mehr oder minder glücklos.

Manchmal bekommt er in seinem Haus in *Norderstedt* Besuch von seinem Enkel *Levin Öztunali*. Der junge Mann aus der HSV-Jugend hat das Talent von Opa Uwe und Urgroßvater Erwin geerbt und hält die Fahne der Seelers hoch: Im Oktober 2010 wurde er in die U-15-Nationalmannschaft berufen.

DIE SEELER-HEIMAT EPPENDORF

Bisweilen kehrt Uwe Seeler heim nach *Eppendorf*, dem Hamburger Stadtteil der einst Ambitionierten, die heute zu den Arrivierten gehören. Großbürgerliche Fassaden, breite Bürgersteige – und mittendrin, am Eppendorfer Weg, die *Eppendorfer Grillstation*, die Freunde in ganz Deutschland als ein Mekka des ganz normalen Wahnsinns verehren. Hier im Souterrain wird sonntags die TV-Kultsendung »Das wirklich wahre Leben« aufgezeichnet, in der der Hamburger Musiker und Kabarettist *Olli Dittrich* als Dittsche sein Unwesen treibt. Dieser Dittsche, ein Hamburger Langzeitarbeitsloser, steht da in Bademantel, roter Jogginghose und Badelatschen, trinkt zwei, drei Flaschen Bier – »Mann, das perlt heute wieder!« – und referiert vor seinen Freunden Ingo, dem Wirt hinterm Tresen, und Schildkröte seine Sicht auf die Dinge des Lebens. Schildkröte, ein Verkäufer im Baumarkt, trinkt stumm sein Bier und sagt am Schluss stereotyp zu Dittsche: »Halt die Klappe! Ich hab' Feierabend.«

Am 10. April 2005 kommt Dittsche wieder in die Grillstation – und auf dem Platz von Schildkröte sitzt Uwe Seeler. Dittsche zu Ingo: *»Das gibt's doch nicht. Der sieht ja aus wie Uwe Seeler.«* – *»Das ist Uwe Seeler.«* Und Dittsche jubelt: *»Das ist ein Titan. Das ist mein Held, mein Uwe.«* Dann quasselt er über Gott und Welt und traut sich erst nach einer halben Stunde, seinen Abgott anzureden. Seeler antwortet: *»Halt die Klappe! Ich hab Feierabend.«*

Dittsche hat das seinem Titan – »Uwe, mein Uwe« – längst verziehen. Für einen waschechten Hamburger gibt es nichts, überhaupt nichts, was einem Uwe Seeler nachzutragen wäre. Er ist kein Exklusiv-Idol der HSV-Anhängerschaft. Selbst die Fans des konkurrierenden FC St. Pauli lieben ihn. Allerdings ist er für sie nicht »Uns Uwe«, sondern: »Euch Uwe«!

EPPENDORFER GRILLSTATION
Eppendorfer Weg 172, Eppendorf
www.eppendorfer-grillstation.de
▶ U-Bahn: Hoheluftbrücke

SEELER-SKULPTUR VOR DER IMTECH ARENA
Sylvesterallee, Bahrenfeld
www.imtech-arena.de
▶ S-Bahn: Stellingen

JOHN NEUMEIER

geb. 1942

»Ich liebe, was ich mache, und glaube, dass das der Sinn meines Lebens ist«, sagt Hamburgs legendärer Ballettdirektor. Er kam aus den USA an die Elbe – und hatte eine unsterbliche Vision.

Das Publikum vergötterte ihn für seine katzenhaft schwerelosen Sprünge und kraftvollen Pirouetten, er war der »Faun« und »Goldene Sklave«, und wenn die Ballettkompanie Ballets Russes mit den besten Tänzern des Mariinski-Theaters von St. Petersburg unter Sergei Diaghilew ein Gastspiel im Pariser Théâtre des Champs-Élysées mit *Vaslav Nijinsky* an der Spitze gab, wurde dies als künstlerisches Großereignis gefeiert. Nijinskys erster Auftritt im Mai 1909 in Paris gilt als Geburtsstunde des modernen Balletts. Als »Gott des Tanzes« betete Isadora Duncan ihn an, für Rodin verkörperte er das griechische Schönheitsideal, seine Kostüme inspirierten Coco Chanel. Die Pariser Gesellschaft lag Nijinsky zu Füßen, in London wurde der Jüngling als Wunder gefeiert, schließlich befand sich die gesamte europäische Avantgarde und sogar Hollywood im Ballettfieber.

Eine Revolution in der musikalischen Welt! Ein Wendepunkt in der Musikgeschichte!, ruft die Pariser Muse Misia Sert wie elektrisiert aus, nachdem sie Nijinskys bahnbrechende, 1913 urauf-

Ein begnadeter Tänzer und Choreograf: John Neumeier ist seit 1973 Chef des Balletts an der Staatsoper Hamburg.

geführte Choreografie zu Strawinskis »Le Sacre du Printemps« gesehen hat, und auch Sarah Bernhardt reagiert überwältigt: *»Ich fürchte mich, ich fürchte mich, denn ich sehe den größten Darsteller der Welt.«*

Diesem Größten waren nur zehn ruhmreiche Jahre vergönnt, denn Diaghilev, sein Mentor und Liebhaber, schloss ihn von einem Tag auf den anderen aus den Ballets Russes aus, rasend

Die Staatsoper Hamburg. Hier baute John Neumeier eine der besten und international gefragtesten Ballettkompanien auf.

vor Eifersucht, weil sich Nijinsky in eine polnische Tänzerin verliebt hatte und sie heiratete, ehe er nervenkrank wurde und drei Jahrzehnte lang, bis zu seinem Tod 1950 in London, vorwiegend in Sanatorien leben musste. Das Tanzgenie hatte Millionen verzaubert – und einen jungen Amerikaner unrettbar infiziert. Sein Name: John Neumeier.

Es ist mucksmäuschenstill, bevor sich am Premierenabend in der lange zuvor ausverkauften *Hamburgischen Staatsoper* **26** *(▸ F3)* im Juli 2000 der Vorhang zu John Neumeiers mit größter Spannung erwarteter »Hommage an Nijinsky« öffnet und der Solist *Jiri Bubenicek* in der Rolle des russischen Tänzers brilliert: Zu Nikolai Rimski-Korsakows »Scheherazade« und Dmitri Schostakowitsch' 11. Symphonie zeichnet John Neumeier eine biographische Skizze seines Idols, die in einem Wahnsinnstanz endet und dem Publikum den Atem nimmt.

Als der Ballettchef nach einer dreistündigen Aufführung die Bühne betritt, wollen die Ovationen nicht enden. Nachdem er 20 Jahre zuvor mit »Vaslav« seine erste Choreografie über Nijinsky geschaffen und die Ballettwelt beeindruckt hat, ist Neumeier auch diese Liebeserklärung wieder gelungen. 2009 kreierte er mit seiner dritten Choreografie »Le Pavillon d'Armide« ein weiteres Werk, das sich mit dem Leben Vaslav Nijinskys auseinandersetzt.

Ausgelöst durch die Lektüre »The tragedy of Nijinsky«, ein Buch über Aufstieg und Tragödie des russischen Ballettwunders, hat sich der Amerikaner schon als Jugendlicher leidenschaftlich für Nijinsky und das Russische Ballett interessiert. So stehen die berühmte Ballettkompanie und ihr Star auch im Mittelpunkt seiner einzigartigen Kunstsammlung zur Geschichte des Tanzes, die Neumeier im Laufe der vergangenen 40 Jahre zusammentrug und die ihn mit Stolz erfüllt. Bislang ist sie in seiner Wohnung untergebracht, umfasst mehr als 25 000 Objekte und ist eine der weltweit größten Privatsammlungen. Was läge näher, als sich für die Ballettthochburg Hamburg ein Ballettmuseum zu erträumen.

Bereits zu Beginn seiner Spielzeit rief John Neumeier die Hamburger Ballett-Tage ins Leben, die als Höhepunkt der Saison gelten und alljährlich in der abschließenden Nijinsky-Gala münden, und baute eine Ballettschule auf, aus der bereits zahlreiche erstklassige Tänzer hervorgegangen sind.

EIN PATER GIBT TANZUNTERRICHT

Im Jahr 1942 wird in Milwaukee, im US-Bundesstaat Wisconsin, ein Junge geboren, der bald schon weiß: Ich will Tänzer werden. Tänzer? Dem Vater, einem amerikanischen Dampfschifffahrtskapitän mit deutschen Wurzeln, und der Mutter, einer gebürtigen Polin, ist der Wunsch des Sohnes rätselhaft. Eines Tages nimmt die Mutter ihren Vierjährigen mit in ein Musical. Von diesem

Moment an sieht man den kleinen John tanzen, wann immer und wo immer er kann. Ballettunterricht für den Jungen? Lieber Stepptanz, entscheiden die Eltern. Neben dem Tanz sind es bald das Theater und die englische Literatur, die John Neumeier interessieren, doch die Entscheidung, sich zum Tänzer ausbilden zu lassen, fällt erst während seines Studiums der Theaterwissenschaften an der katholischen Marquette-Universität in Milwaukee. Dort gibt der Jesuitenpater *John Walsh* Tanzunterricht. Er beobachtet den Jungen an der Stange. Überzeugt vom Talent seines Studenten, rät er ihm, Tänzer zu werden.

»Manchmal ist es im Leben so«, sagt John Neumeier, *»dass man unterschwellig etwas weiß, aber Angst vor dem Unbekannten hat.«* Dann brauche man einen Menschen, der einen in die richtige Richtung führe: *»Für mich war das Father Walsh.«*

Die eindrucksvolle Begegnung mit dem Jesuitenpater prägt ihn zutiefst und bedeutet einen Wendepunkt in seinem Leben. Denn John Walsh lehrt seinen katholisch erzogenen Schützling nicht nur den Tanz, sondern auch die Auseinandersetzung mit religiösen Fragen. Als *»Christ und Tänzer«* sei es selbstverständlich für ihn, *»diese Dinge dann auch körperlich und choreografisch auszudrücken«*, erklärt Hamburgs Ballettdirektor, der 1981 zum ersten Mal den Christus in der von ihm choreografierten Matthäus-Passion von Bach tanzte und regelmäßig sowohl das Requiem von Mozart als auch den Messias von Händel aufführen lässt: *»Es ist Aufgabe der Kunst – auch der Tanzkunst –, metaphysische Inhalte zu vermitteln. Deswegen habe ich diese Werke gemacht.«*

Mit 21 Jahren kommt John Neumeier zum ersten Mal nach Deutschland, tanzt mit dem Stuttgarter Ballett unter *John Cranko*, übernimmt nach ein paar Jahren die Kompanie an der Frankfurter Oper und folgt 1973 dem Ruf des damaligen Intendanten *August Everding* an die *Staatsoper* nach Hamburg. Ein »großer Schritt«

Das Ballettzentrum Hamburg bei der Aufführung eines Balletts seines Chefchoreografen John Neumeier.

für Deutschlands jüngsten Ballettdirektor. Mit seinen 31 Jahren ist Neumeier entschlossen, den Tanz zu revolutionieren, das Ballett neu zu erfinden. Jedoch, und er betont dies, ohne dabei die klassischen Wurzeln zu zerstören.

Neumeier hat es anfänglich nicht leicht an der Elbe. Die gesamte Presse reagiert empört, als der neue Ballettdirektor erst einmal das ganze Ensemble auflöst und sich eine Tanz-Truppe nach seinem Geschmack zusammenstellt: *»Man hielt mich für ein junges Monster. Niemand wusste so richtig, was ich wollte und vorhatte.«* Der ebenso rastlose wie experimentierfreudige Choreograf und Tänzer hat viel vor, und unter seiner Direktion entwickelt sich das Hamburg Ballett zu einer der besten und international am meisten gefragten Ballettkompanien.

Schon bald gründet Neumeier die *Ballettwerkstatt*, einen Probensaal, der während der »Werkstatt-Matineen« öffentlich zugänglich ist und dem Zuschauer faszinierende Einblicke in die Arbeit der Tänzer gibt. Hier, an diesem Ort, fühlt sich der Meister zu Hause, hier ist seine »Heimat«, sind ihm alle Gesichter vertraut, hier schaut er sich jede Probe, jede Vorstellung seiner Tänzer an: *»Wichtig ist, dass das, was sie tanzen, ehrlich ist … Nur so kann ich mit meinem menschlichen Orchester arbeiten.«*

Bei allem Erfolg: »Es gibt auch Leute, die mich kritisieren«, weiß der Experimentator Neumeier, der sich, bei allem Wohlwollen, hin und wieder auch ausbuhen lassen muss. Etwa 2001, als sein Ballett Schuberts »Winterreise« tanzte, hatte sich der Interpret so weit von der traditionellen Ballettästhetik entfernt, dass ein Großteil der Zuschauer einfach nur empört war.

NEUMEIER GIBT HAMBURG MAHLER ZURÜCK

Ganz anders hingegen die weltweite Anerkennung Neumeiers als Choreograf der Symphonien von Gustav Mahler. Der österreichische Komponist lebte von 1891 bis 1897 in der Hansestadt und schrieb hier seine berühmte Symphonie Nr. 3. »Mahler ist meiner«, wusste John Neumeier schon früh; kaum war er an der Elbe etabliert, reifte der Gedanke, die ganze 3. Symphonie zu choreografieren: *»Ich wollte eine neue Form von Ballettdramaturgie für das Ende des 20. Jahrhunderts finden … Mahlers Musik bietet mir darin bis heute einen unendlichen Spielraum.«*

In der Bundesstraße 10 steht noch das Gründerzeithaus aus Backstein, in dem Mahler mit seiner Schwester Justine wohnte, als er Erster Kapellmeister am Hamburger Stadttheater war, heute die *Staatsoper*. An der Fassade des Musikhauses erinnert eine Gedenktafel an Mahler, im Parkett-Foyer seine Büste.

Als unerbittlich streng gefürchtet, wusste der Anfang 30-Jährige Orchester und Sänger zu erstklassigen Aufführungen zu bringen, die das Opernpublikum begeisterten. Mahlers Mozart-Interpretationen ernteten höchste Anerkennung, er festigte seinen Ruf als einer der führenden Wagner-Dirigenten, und als er Tschaikowskys »Eugen Onegin« zum ersten Mal in Hamburg dirigierte, saß der russische Komponist in der ersten Reihe.

Mahler verließ Hamburg 1897 und ging als Hofoperndirektor nach Wien – kurz vor seinem Abschied von der Hansestadt hatte er sich noch taufen lassen und war vom jüdischen zum katholischen Glauben übergetreten. Vor Gustav Mahler dirigierten und inszenierten auch Franz Liszt und Richard Wagner in Hamburg, und zur Zeit des Barock gehörte sogar Georg Friedrich Händel zum Ensemble des ersten deutschen Opernhauses. Höhepunkte künstlerischer Arbeit hat die *Hamburgische Staatsoper* speziell während der »Ära Liebermann« erlebt. Rolf Liebermann war von 1959 bis 1973 Intendant an der Oper. Ihm und seinem Vorgänger Günter Rennert verdankt sie ihren internationalen Ruf als modernes und offenes Haus.

2013 ist für Hamburgs Ballettdirektor John Neumeier ein Jubiläumsjahr. Seit 40 Jahren leitet der unerschöpflich kreative Amerikaner das vielfach preisgekrönte und von Hamburg bis Japan gerühmte Hamburg Ballett. *»Das war nie geplant«*, sagt der über 70-Jährige. *»Aber es hat sich so entwickelt.«* Was mit Nijinsky angefangen hat, soll mit ihm fortgesetzt werden.

MAHLER-HAUS
Bundesstraße 10, Rotherbaum
▶ S-Bahn: Dammtor

STAATSOPER 26 ▶ *F3*
Große Theaterstraße 34, Neustadt
www.hamburgische-staatsoper.de
▶ U-Bahn: Gänsemarkt oder Stephansplatz

JIL SANDER

geb. 1943

Im Hamburger Stadtteil Pöseldorf wurde die Modedesignerin berühmt. Mit einem unverwechselbaren puristischen und zeitlos eleganten Stil, der – seit ihrem Comeback – wieder heiß begehrt ist.

Weiß. Hohe weiße Säulen. Reihen weißer Sitzblöcke begrenzen das Laufsteg-Rechteck. Gleißend hell das Licht. Im großen Saal in der Mailänder Via Beltrami knistert es vor Spannung. Gedränge unter den Fotografen. Dann dröhnt aus den Lautsprechern wummernder Electrosound. Jil Sander is back!

Das erste Model erscheint. Das zweite, das dritte. Forscher Schritt, die Lederschuhe kantig mit farbigen Sohlen. Schmale, knöchelkurze Hosen, dazu scharf geschnittene Gehröcke, Blazermäntel und Sakkos, die man zweireihig schließt. Weite Bermudashorts, weiße Hemden mit kurzem Arm. Neben dem Schneeweiß ist das dunkle hanseatische Blau Jil Sanders Farbe. Die Hamburgerin präsentiert ihre Herrenmode für Frühjahr und Sommer 2013. Nach knapp zehn Minuten ist alles vorbei. Tosender Applaus. Jil Sander erscheint auf dem Laufsteg. Weiße Kaftanbluse, blaue Nadelstreifenhose, schwarze Schnürschuhe. Mit einem gelösten Strahlen bedankt sie sich bei ihrem Publikum. Ihr Auftritt dau-

Ihr puristischer Stil wurde zu ihrem Markenzeichen: die Designerin Jil Sander in ihrer Boutique in Hamburg.

ert nur wenige Sekunden. Dann ist sie, notorisch öffentlichkeitsscheu, wieder verschwunden. Der Presse erklärt sie anschließend selbstbewusst: *»Die Marke Jil Sander ist meinem Wesen tief verbunden, und mein Traum von raffinierter, kompromisslos moderner Mode so frisch wie am ersten Tag.«*

Man hatte sie lange vermisst, jahrelang. Es hieß, Jil Sander habe die Mehrheit ihrer Aktien an Prada verkauft, ihr Arbeitsplatz

Das Herz der exklusiven Einkaufsstraßen in Hamburg: der Jungfernstieg mit dem Alsterpavillon an der Binnenalster.

als Kreativdirektorin sei jetzt Mailand. Dann wurden Differenzen zwischen ihr und dem Prada-Chef laut. Die Ikone des Purismus wollte sich dem Diktat des dominanten Partners nicht länger beugen und stieg aus. Sie kam noch einmal wieder, stieg abermals aus, dieses Mal endgültig. Die Designerin wollte keine Kompromisse dulden.

Sie brauche Zeit für sich, erklärte Jil Sander schließlich, kehrte Mode und Management den Rücken und zog sich auf ihren Landsitz am Plöner See zurück. Genoss ihren Garten, ging segeln, feierte Feste mit ihren Freunden und reiste in ihre Häuser nach Ibiza und Gstaad. Schließlich entwarf sie als Design-Beraterin einer japanischen Bekleidungskette drei Jahre lang preiswerte Mode im Sander-Stil für die Marke »Uniqlo«.

Derweil trat in Mailand ein smarter junger Belgier ihr Erbe an: *Raf Simons* kommt aus der Antwerpener Schule und wird für seine kühlen wie kunstvollen Kreationen gerühmt. Ein echter Sander-Schüler, nicht nur, weil er am liebsten weiße Hemden unter einem dunkelblauen Pullover trägt:

»*Jil Sander ist eine Marke, die ich fühle. Sie verkörpert eine Ästhetik, an die ich glaube. Ich mag die Idee der Reinheit: nichts hinzuzufügen, was nicht notwendig ist*«, bewundert der Belgier sein Vorbild aus Norddeutschland.

Bis dann, im Frühjahr 2012, plötzlich die Nachricht in die Mailänder Modewochen platzte, Jil Sander kehre zu ihrer Marke zurück. Über Nacht musste Raf Simons den Posten räumen – um wenig später als Designer bei Dior zu debütieren.

ALLES BEGANN IM EXKLUSIVEN PÖSELDORF

Als »Pöseldorf« pflegte der Volksmund früher die ländlichen Straßenzüge zwischen Mittelweg und Außenalster zu bezeichnen, die noch im 19. Jahrhundert vorwiegend von »pöselnden« oder »pütjernden«, also nach Feierabend vor sich hin werkelnden, Kleingärtnern und Kutschern bewohnt wurden. Später entdeckten Kaufleute, Reeder und Juristen die schöne Gegend am Wasser, kauften den Leuten ihre Grundstücke ab, ließen Villen bauen und machten dieses Viertel und das angrenzende Harvestehude zum Inbegriff betonten Patriziertums und deutlicher Exklusivität. Der Name Pöseldorf ist geblieben, über die Exklusivität des Viertels kann man heute streiten, wenn man einmal von den Grundstücks- und Wohnpreisen absieht.

Heidemarie Jiline Sander hat als Redakteurin bei der (heute nicht mehr existierenden) Frauenzeitschrift »Constanze« gearbeitet, dann für das Hamburger Magazin »Petra«. Sie ist jetzt 24 und will nicht mehr länger über Mode schreiben, sondern selbst Mode kreieren. Schon als Kind trug die 1943 in *Wesselburen* bei Hamburg geborene Jiline, die bei ihrer Mutter und ihrem Stiefvater aufwuchs, lieber Hosen als Petticoats. Nach ihrer Ausbildung zur Textilingenieurin in Krefeld brach sie nach Los Angeles auf, um dort weiter zu lernen.

Die zierlich wirkende junge Frau mit dem blonden Haar, das ihr markantes Gesicht in großen Föhnwellen umspielt, verkörpert vollkommen das von ihr propagierte Bild der modernen Business-Frau: selbstbewusst, unabhängig, elegant, geschäftlich viel auf Reisen – und kaufkräftig. Sander weiß: Genau dieser Typ Frau ist im schicken Pöseldorf zu Hause.

Sie nimmt ihr Erspartes vom Konto, verkauft ihren Porsche, erwirbt 1967 in der Milchstraße eine Boutique und bietet als »Jil Sander« französische Mode aus den Pariser Häusern Sonia Rykiel und Thierry Mugler an, doch auch Entwürfe ihrer eigenen minimalistisch-schlichten Linie für »Frauen, die ernst genommen werden wollen«.

»Gutes Design, erstklassiges Material, höchste Qualität in der Verarbeitung.« So lautet der Slogan, mit dem sie für ihr Unternehmen wirbt und erfolgreich ist. Noch muss die Modemacherin improvisieren: In der Küche zuschneiden, im Wohnzimmer Büroarbeit erledigen, im Bad fotokopieren, und auf ihrem Bett stapeln sich die Kollektionen für den Versand.

Im Nu sind die Damen aus Pöseldorf und Harvestehude süchtig nach den uniformhaft strengen Hosenanzügen aus edlen Stoffen in Schwarz, Braun oder Dunkelblau, nach schlichten Trenchcoats und weißen Oberhemden. Jil Sander ist in aller Munde. Kosten? Egal. Die Sachen sind einfach so schön, dass man sie haben muss.

Doch international berühmt wird die Modedesignerin erst mit ihrem Zwiebel-Look: *»Die Idee, dass man viele Teile einer collection miteinander combinen kann.«* Manchmal drückt sie sich nur in einem anglo-germanischen Sprachmix aus. Jedes ihrer Stücke,

Jil Sander – der Flagshipstore der Designerin am Neuen Wall in der Hamburger Innenstadt.

will sie damit sagen, kann sowohl einzeln getragen als auch mit anderen Teilen ihrer Kollektion kombiniert werden.

Es versteht sich von selbst, dass zu einem edlen Outfit auch ein guter Duft gehört. Als erste deutsche Designerin ergänzt Jil Sander ihre Mode 1978 mit der Pflegeserie »Jil Sander Woman Pure« und bewirbt sie mit ihrem klaren, schönen Gesicht.

»Queen of Less« nennt man sie in Modekreisen. Weniger ist mehr. Wenn Jil Sander ihre androgynen Models auf die Mailänder und Pariser Laufstege schickt, wird sie gefeiert wie ein Star. Inzwischen ist ihre puristische Mode auch international gefragt. Zu Kleidern, Röcken, Hosenanzügen, Schuhen kommen Accessoires. Handtaschen, Brillen, Mützen, Tücher, Schals. In den 1980er-Jahren öffnen Jil-Sander-Läden in Italien, man sieht sie in New York, San Francisco, Montreal, Tokio und Hongkong. 1993 eröffnet die Hamburgerin ihren ersten Flagshipstore in Paris in der eleganten

Avenue Montaigne, nicht weit von Dior und Yves Saint Laurent. Mit diesem Aufstieg hat sie den Gipfel ihres Ruhmes erreicht. Die Marke »Jil Sander« reüssiert bald auch mit ihrer Herrenmode in gewohnt schlichtem Stil.

Dank der Investitionen eines hanseatischen Mäzens hat sich der an Hamburgs Binnenalster gelegene *Jungfernstieg* jüngst zu einem weltstädtischen Boulevard herausputzen können: mit dreireihiger Lindenallee und Freitreppe zum Wasser hin, mit Schiffsanlegern und Cafés. Stolze Kaufmannspaläste aus Sandstein säumen ihn, von hier gehen die exklusiven Einkaufsstraßen Große Bleichen und Neuer Wall ab, wo die alt eingesessenen Familien der Hansestadt seit Generationen in »ihren« Läden einkaufen. Das Traditionsgeschäft *»Ladage & Oelke«* am Neuen Wall gehört dazu, sehr britisch: Jacken aus Harris Tweed und Dufflecoats, Anzüge aus Flanell und breit gerippte Manchesterhosen.

DIE KOLLEGEN JOOP UND LAGERFELD

Ebenfalls am Neuen Wall, auf der gegenüberliegenden Straßenseite, hat der Hamburger Designer *Wolfgang Joop* vor ein paar Jahren seine Boutique **31** *(▸ F/G 4)* eröffnet.

Joop ist neben Jil Sander und dem ebenfalls aus Hamburg stammenden *Karl Lagerfeld*, Chef des Pariser Couture-Hauses Chanel, Dritter im Bunde deutscher Designer, die ihre Weltkarrieren in der Hansestadt starteten und über nachlassende künstlerische Kreativität nicht klagen können. Gerade wieder sorgte die Auferstehung seiner schon tot geglaubten Luxusmarke »Wunderkind« für Furore, und als der Hamburger Couturier seine verspielten und farbenfrohen Gewänder aus fließender Seide, Spitze und Chiffon kürzlich in Paris präsentierte, konnten sich seine Kundinnen vor lauter Entzücken kaum wieder beruhigen. Wie konträr hingegen die Mode der Kollegin und Konkurrentin Jil

Sander, die in ihrem geräumigen, ganz im kühlen Sander-Stil eingerichteten Shop **18** *(▸ F4)* am Neuen Wall neben Mänteln, Jacken und viel Strick auch Taschen, Brillen und Parfums anbietet.

Als »Neustart bei Null« hatte die 68-jährige Hamburger Designerin bei den Herbstschauen in Mailand ihre Präsentation einer Damenkollektion für Frühjahr/Sommer 2013 angekündigt. Ihr Auftritt war triumphal, die Kollektion betörend schön, das Modevolk überzeugt, dass die Marke »Jil Sander« trotz aller Unkenrufe ihre Identität bewahrt und die Kreativchefin nichts von ihrem einzigartigen Gespür für klare Formen, Proportionen und präzise Details verloren habe.

Die Models zeigten ärmellose, leicht und luftig wirkende Mantelkleider in Dunkelblau und Bordeauxrot mit großen aufgesetzten Taschen über weißen Blusen und puristische Anzüge, an denen hier ein Kragen weggelassen war, dort die Schere des Schneiders für skulpturale Effekte gesorgt hatte.

»Die Modewelt braucht klare Handschriften und authentische Stimmen. Ich werde mein Bestes tun, in diesem Chor wieder dabei zu sein.« Kein Zweifel, Jil Sander ist zurück.

JIL SANDER **18** ▸ *F4*
Neuer Wall 43, Neustadt
www.jilsander.com
▸ U- und S-Bahn: Jungfernstieg

WOLFGANG JOOP **31** ▸ *F/G4*
Neuer Wall 9, Neustadt
www.joop.com
▸ U- und S-Bahn: Jungfernstieg

DOMENICA

1945–2009

»Ich steh' dazu, dass ich eine Hure bin. Ich fühle mich nicht eine Stufe tiefer durch das, was ich mache.« Die Frau, die das sagte, war überaus großherzig. Eine Art Hamburger Kulturgut …

Die dunklen Haare streng zurückgekämmt und in einem festen Knoten zusammengehalten. Das Gesicht ebenmäßig, eine Spur Melancholie im Blick und die Lippen voll. Ein üppig gebauter, auffallend südlicher Typ. Um den Hals trägt sie eine Kette mit ihrem Namen aus diamantenen Buchstaben in Versalien: DOMENICA.

Es ist spät, weit nach Mitternacht. Domenica, die »Königin des Kiez«, hat sich ihren schwarzen Nerz übergeworfen, darunter ihre Berufsbekleidung: eine schwarze, paillettenbesetzte Korsage, die ihre gewaltigen Brüste stützt, schwarze Strapse, Netzstrümpfe mit Naht, hochhackige Sandaletten.

Von der *Herbertstraße* sind es nur ein paar Schritte bis zu *Cuneo* **4** *(▸ A 5)* in der Davidstraße 11. Noch einen Grappa trinken, ein bisschen schwatzen, kurz die Musicbox anwerfen. Bei *Franco Cuneo*, dem ältesten Italiener der Stadt, wo Abend für Abend Hamburgs Künstler und Schauspieler an den kleinen Tischen Platz nehmen und die Chefredakteure von »Spiegel«,

Domenica Niehoff war Prostituierte, Sozialarbeiterin und die große Rotlicht-Ikone des Amüsierviertels St. Pauli.

»Stern« und der linken »Konkret« ein- und ausgehen, hat auch die vollbusige Domenica ihren Stammplatz.

Hamburg in den 70er-Jahren. Schillernde Kiez-Größen wie der Lamborghini-Klaus, wie Mischa, Gerd oder Harry haben als mächtige Zuhälterchefs ihre Mädchen unter totaler Kontrolle und protzen mit ihren Umsätzen. Goldene Ringe an den Fingern, teure Uhren, Porsches, Ferraris, auch mal ein Rolls-Royce.

Für Kinder, Jugendliche und Frauen ist der Durchgang verboten: die Herbertstraße in St. Pauli, eine Bordell-Passage.

Die *Herbertstraße* ist eine schmale, kopfsteingepflasterte Gasse. Früher hieß sie Heinrichstraße und sah mit ihren Gaslaternen und zweistöckigen Häusern nicht anders aus als andere Straßen des Viertels. Hier verkauften Krämer und Bäcker Gemischtwaren und Brötchen in winzigen Läden, auch ein paar Damen aus dem Milieu wohnten in den kleinen bunten Häuschen und hatten heimlich, in gutem Behördendeutsch, »Geschlechtsverkehr mit häufig wechselnden Partnern«. Schnell wurden es mehr, und bald saß hinter jedem der kleinen Schaufenster zu beiden Seiten des Sträßchens eine Frau in rotem Licht und klopfte an die Scheibe, sobald sich ein männlicher Passant näherte.

»Zutritt für Jugendliche unter 18 und Frauen verboten«, warnt das rote Schild am Eingang zur *Herbertstraße*. Sie ist an beiden Enden mit Barrieren abgesperrt, eigentlich aber ein öffentlicher Weg. Auf keinen Fall Einblicke von außerhalb! Das hatten die

Prostituierten zu Beginn der 70er-Jahre gefordert, und auch heute noch gilt: Gaffer haben in der Gasse nichts zu suchen.

Seitdem Domenica in der *Herbertstraße* residiert, fühlt sie sich zu Hause. Geborgen, beschützt, irgendwie ist es gemütlich hier, in ihrem privaten Schlafzimmer mit dem breiten Doppelbett, in der Küche, wo sich die Frauen treffen und halb nackt Kaffee trinken. Überhaupt, hier bringt die Arbeit viel mehr Spaß, hier kann sie ihren Job nach »Lust, Laune und Gefühl« machen. Domenica bedauert die Mädchen vom Straßenstrich. Sie stehen in der Davidstraße und rund um den Hans-Albers-Platz, die »Bordsteinschwalben«. Tag für Tag und Nacht für Nacht, im Sommer wie im Winter. Auf hohen Hacken in hautfarbenen Strümpfen und weißen Hotpants. Wie aufgereiht vor den Hauseingängen. Und immer im Visier ihrer gnadenlosen Zuhälter.

ES WAR EINMAL EIN MÄDCHEN AUS KÖLN …

Am Anfang war das kleine Eiscafé in Köln. Domenicas Vater, ein Italiener aus den Abruzzen, führte es zusammen mit seiner Frau, einer Kölnerin. Ein Sohn und zwei Töchter wurden geboren. Aber das Familienglück hielt nicht lange, der Vater misshandelte seine Kinder, die Mutter brachte sie schließlich ins Waisenhaus. Dort, in der Obhut katholischer Nonnen, lebte Domenica Anita Niehoff, geboren am 3. August 1945, bis zu ihrem 13. Lebensjahr, abgeschottet von der Außenwelt: *»Ich war damals nicht lebensfähig, ich wusste nicht, was draußen los war, ich war ein Träumerkind.«*

Bis dem Mädchen eines Tages bei einem Wettlauf auffällt, dass die Jungs nur sie und nicht die anderen Mädchen anfeuern. Mit ihrer sportlichen Leistung kann das eigentlich nichts zu tun haben, sagt sich Domenica, es muss etwas anderes sein, das sie so toll an ihr finden, und bald weiß sie, es ist ihre sensationell üppige Oberweite: »Da war ich zum ersten Mal stolz auf meinen Busen.«

Die erste Bettgeschichte mit 15, eine Lehre als kaufmännische Angestellte in einem Kölner Café und dann, Domenica ist 17, die Begegnung mit einem 20 Jahre Älteren. Er sieht gut aus, ist reich und besitzt zwei Bordelle in Köln. Der Zuhälterkönig führt seine junge Braut in das Milieu ein, verwöhnt sie mit Pelzen, teurem Schmuck und Champagner. Nächtelang hockt das Paar in den Kneipen, es wird viel getrunken, gelacht und gelästert, und Domenica lernt auch so manches Mädchen kennen. Aber selber anschaffen gehen? Niemals! Denn sie ist sich bewusst: *»Ich hab' einen Mann, dem gehören zwei Puffs, ich bin was Besseres.«*

Eines Tages, zehn Jahre sind seither vergangen, fällt ein Schuss. Vor Domenicas Augen sackt ihr Mann zusammen. Selbstmord. Der Grund müssen Geldprobleme gewesen sein. Domenica steht jetzt jedenfalls vor dem Nichts. An ein Leben im Luxus gewöhnt, weiß sie in dieser Situation eines ganz sicher: keine materiellen Einschränkungen. Aber ihr Geld als Tippse in irgendeinem Büro verdienen. Danach steht der Ende 20-Jährigen nicht der Sinn.

Nahe liegend, nun doch selber anschaffen zu gehen. *»Ich habe keinen Schaden genommen an der Arbeit, weil ich genau wusste, was ich wollte: Geld verdienen«*, wird sie rückblickend einmal sagen, *»Ich bin nicht hineingeschubst worden in dieses Leben, ich bin freiwillig gegangen. Ganz untragisch, nicht?«*

Es ist die Liebe, die sie von ihrem ersten Arbeitsplatz in München nach Hamburg führt. Domenica hat *Conny* auf dem Kölner Karneval kennengelernt. Ein muskelbepackter Junge vom Kiez, dem eine Etage im Großbordell *Palais d'Amour* auf der Reeperbahn gehört. Dort, im großen Kontakthof, ist sie eine von vielen, steht bis zu zehn Stunden täglich, wird taxiert und begrapscht, es ist kalt, laut dröhnt die Musik. Lange hofft Domenica, Conny würde sich endlich von seiner Frau trennen, doch Conny mit der dicht behaarten Brust will nur mit ihr ins Bett. Nicht gegen Geld,

Auf dem Kiez ein Stück italienisch-hanseatischer Kultur: das Restaurant Cuneo mit seinem Chef Franco Cuneo.

das findet sie fair von ihm, aber dass er ihre Liebe nicht erwidert, macht sie fertig. Darum packt Domenica irgendwann die Koffer und zieht ein paar Ecken weiter, zu den anderen Frauen in die *Herbertstraße*.

Ein neuer Arbeitsplatz. Domenica empfängt viele Kunden, darunter zahlreiche Ärzte, Rechtsanwälte, Politiker, »Bosse eben«. Männer, die *»den ganzen Tag das Sagen haben, und nun suchen sie hier das Gegenteil«*. Wollen gedemütigt werden und sind scharf auf erträumte erotische Praktiken. Schwarzes Leder, Folter, Schläge. Domenica, die Frau mit dem Riesenbusen und dem weiten Herz, die zuhören kann wie keine andere, merkt bald, dass der Laden am besten läuft, wenn sie als Domina arbeitet: *»Ich hatte alles. Alle Schichten. Sie waren winselnd, bettelnd, fordernd, gemein. Brav, lieb, arm, jung, alt. Ich weiß gar nicht, was mir noch fehlte«*, sagte sie in ihrem letzten großen Interview.

Es ist ihr Kampf für die Rechte der Prostituierten und die Legalisierung des Gewerbes, der Hamburgs beliebte Hure in den 80er-Jahren zur national bekannten Figur macht. Domenica tritt in einer Talkshow auf, wirkt in mehreren Filmen mit, ist Freundin und Muse.

»*Wenn sie mit ihrem Hintern wackelt, fließen die Flüsse bergauf*«, schwärmt Münchens Rock-Poet *Wolf Wondratschek*. *Tomi Ungerer* lässt sich auf ihrem Bett ablichten, und Hamburgs experimentierfreudiger Zeichner *Horst Janssen* kennt sie genauso gut wie Bayerns Society-Lady *Gloria von Thurn und Taxis*. Auf dem Plattencover ihrer Single »Bum-Bum« bildet die Popgruppe Trio nichts weiter ab als das tief ausgeschnittene Dekolleté von Domenica.

»*Irgendwann, vielleicht so mit vierzig, kommt bestimmt der Punkt, wo ich nicht mehr in der Herbertstraße sitzen möchte. Wo ich was möchte, das mir ganz allein gehört. Ein Mann oder ein Salon.*« Dann, so hatte Domenica geträumt, würde sie ein großes Feuer machen, wie es Brauch ist unter den Huren, die den Sprung aus dem Milieu schaffen, ein großes Feuer und hinein mit all den schwarzen Puff-Klamotten, wie Eva, »*die vor ein paar Wochen solide geworden ist, nach vierzehn Jahren in der Herbertstraße*«.

HAMBURG LIEBTE DIESE FRAU

Domenica Anita Niehoff hat nahezu 20 Domina-Jahre in der *Herbertstraße* verbracht, und als sie sich mit 45 Jahren entscheidet, ihre Karriere zu beenden, ist weder ihr Traum vom Salon – »*so ein Mittelding zwischen Salon und Puff, aber es müsste schon ein bisschen was Liebes haben*« – mit Piano und Bar in Erfüllung gegangen, noch hat sie einen festen Partner an ihrer Seite.

Stattdessen ist die Zahl der Mädchen dramatisch gestiegen, die ihre Drogensucht durch Prostitution finanzieren. Vor allem im Stadtteil St. Georg ist die Situation desolat. Domenica geht das

Schicksal dieser schwer abhängigen Mädchen nah, sie will helfen, sie aus dem Milieu zu holen, das ist das Wichtigste. Manchmal sind es bis zu zwölf, häufig AIDS-kranke Mädchen, die sie bei sich übernachten lässt, für die sie kocht, denen sie Geld und für ein paar Stunden das Gefühl gibt, aufgehoben zu sein. Bis die engagierte Streetworkerin es nach sieben Jahren nicht mehr aushält. *»Mir sind mehr als ein halbes Dutzend Mädchen weggestorben an einer Überdosis Gift, an AIDS, und eine wurde ermordet.«*

Am Ende, schon schwer zucker- und lungenkrank, verbrachte die »Mutter aller Huren« ihre Tage am liebsten rauchend auf dem Balkon ihrer Sozialwohnung auf dem Kiez. Den erhofften Reichtum hat das Leben als Prostituierte Domenica nicht gebracht, doch als Kämpferin für die Frauen auf dem Strich viel Anerkennung: *»Ich habe erreicht, dass mehr über Prostitution geredet wird. Dass nicht mehr so darüber getuschelt wird. Dass sich Mädels trauen zu sagen: ›Ich war im Milieu, aber ich will jetzt aussteigen‹«.*

Am 12. Februar 2009 regnet es. Vom Hans-Albers-Platz zieht der lange Trauerzug schweigend in Richtung *Herbertstraße* und dann weiter zum Pinnasberg in die Kirche von St. Pauli. Der Kiez und Hamburg verabschieden sich von Domenica. Vergessen wurde sie nicht.

CUNEO **4** ▶ *A5*
Davidstraße 11, St. Pauli
www.cuneo1905.de
▶ S-Bahn: Reeperbahn, U-Bahn: St. Pauli

SANKT PAULI MUSEUM E.V. **22** ▶ *A5*
Davidstraße 17, St. Pauli
www.st-pauli-museum.com
▶ S-Bahn: Reeperbahn, U-Bahn: St. Pauli

UDO LINDENBERG

geb. 1946

Das Mekka der Rockmusik an der Elbe hat viele große Stars gesehen. Einer ist für immer geblieben. Er kam aus Westfalen – und sagt: »Ich bin gerne in Hamburg. Die Panik ist hier schließlich gewachsen.«

Manchmal, sagt er, müsse er vor Freude hüpfen wie ein Kind. Dieser unbeschreibliche Erfolg. Und das in seinem Alter. Udo Lindenberg ist 66. Sein »Unplugged«-Album mit Dreifach-Platin ausgezeichnet. Das ihm gewidmete Musical »Hinter'm Horizont« im Theater am Potsdamer Platz in Berlin ist Abend für Abend brechend voll. Komplett ausverkauft die große »Ich mach mein Ding«-Tournee im Frühjahr 2012.

Im *Museum für Kunst und Gewerbe* in Hamburg schließlich »Udo, die Ausstellung«. Gute 40 Jahre Rock 'n' Roll. Die Schau war so begehrt, dass sie verlängert werden musste: Alles drängte sich zwischen alten Schlagzeugen und Goldenen Schallplatten, Plakaten und Familienfotos und vor der Nachbildung seiner Suite mit rotem Ledersofa, Klavier und Großbildfernseher, die der Rockstar als Dauergast in Hamburgs *Grandhotel Atlantic* **16** *(▸ J 2/3)* bewohnt, kam es schon mal zum Besucherstau.

»Ein lockerer Laden«, nuschelt Udo in waschechtem Hamburgisch und schiebt bedeutungsvoll die Lippen vor: *»Als ich noch*

Ohne Hut und Sonnenbrille geht gar nichts: Altrocker Udo Lindenberg hat seit Jahrzehnten sein Outfit nicht verändert.

ein junger Mann war, saß ich locker irgendwann da auf der Wiese vor'm Hotel Kempinski … Guckte hoch auf's weiße Schloss, oder malochen bei Blohm & Voss. Nee, irgendwie, das war doch klar, irgendwann, da wohn ich da in der Präsidentensuite … Und ich mach mein Ding …«

Keine Panik. Udo Lindenberg aus der Gartenstraße 3 in Gronau, Westfalen, macht sein Ding. Vater *Gustav*, Klempnermeister

Das waren noch Zeiten: Udo Lindenberg 1974 am Tresen der Musikkneipe Onkel Pö in Eppendorf.

und ein geselliger Mann, der die Kneipenlandschaft liebt, nimmt ihn schon als ganz Kleinen häufig mit auf die Piste, selbst wenn Mutter *Hermine*, die den Nachkriegsalltag zu stemmen und neben den vier Kindern auch noch Oma *Friederike* im oberen Stock und Tante *Etta* zu versorgen hat, über die ständige Aushäusigkeit ihres Mannes und sein Schweigen zu Hause schier verzweifeln möchte.

Beifall von den Männern am Stammtisch, als der fünfjährige Udo, von seinem Vater, der immer gern für Stimmung sorgt, mit einem stolzen Schubs dazu gebracht, auf den Stuhl steigt und ein komisches Gedicht aufsagt. Udo verbeugt sich. Der Vater spendiert ihm eine Brause. Und spielt anschließend Lieder auf der Ziehharmonika. Weil Gustav Lindenberg selber lieber Dirigent, Konditor oder Weinbauer in Griechenland geworden wäre als Klempner im heimatlichen Gronau und den elterlichen Betrieb nur übernahm, weil das Schicksal es so forderte, sagt er seinen

Kindern, dass sich niemand einen Beruf aufzwingen lassen darf, und lässt ihnen die Freiheit zu wählen. Udo hat einen älteren Bruder, *Erich*, ein Jazz-Narr, der später Kunstmaler wird. An Udos elftem Geburtstag nimmt er ihn zu einer Jazz-Probe mit: »*Die spielten Dixieland. Uh, das war ein starker Abend. Erich kannte die Jungs ganz gut und sagte denen, wie spitz ich auf's Trommeln war. Ich durfte mich ans Schlagzeug setzen, ein erregender Augenblick.*«

Udo trommelt wie ein Besessener. Zu Hause macht er mit Grünkohlstrünken auf leeren Benzinkanistern im Hühnerstall weiter und malt ein Schlagzeug an die Wand. Dazu das magische Wort »Dixieland«. Ab jetzt, das ist klar, gibt es für Udo nur noch die Musik. »Was ich mir vornehme, Mutti, das gelingt mir«, ruft der Matz, wie ihn alle nennen, seiner Mutter zu, bevor die Haustür ins Schloss fällt. Seine Augen leuchten, als der Vater ihm ein Schlagzeug kauft.

Udo ist ein unauffälliger Schüler. Einer, der sich gerne drückt, nie provoziert, oft übermüdet ist und Fingernägel kaut. Nur draußen, in den Kneipen, da legt er los, Rock 'n' Roll, Twist und Dixieland, kegeln mit den Stammtischbrüdern, rauchen, trinken, Party ohne Ende. Aber der Realschulabschluss, der muss sein. Etwas Ordentliches lernen und nicht nur trommeln, das verlangt Gustav Lindenberg von seinem 15-jährigen Sohn.

NUR WEG AUS WESTFALEN

Udo ist einverstanden, doch nur unter einer Bedingung: Er will nicht in Gronau bleiben. Er will raus. Raus in die Welt. Die Idee, es so zu machen wie sein Freund, zündet. Kellner werden und auf Kreuzfahrtschiffen anheuern. Die Meere bereisen. Gustav Lindenberg versteht das sehr gut, er hilft seinem Sohn bei der Vermittlung einer Lehrstelle und findet sie im vornehmen Düsseldorfer Hotel Breidenbacher Hof.

Tagsüber trägt Udo Dunkelblau mit goldenen Knöpfen, schleppt Koffer, bedient den Fahrstuhl, und sobald Feierabend ist, streift er den Liftboy ab und mischt das Nachtleben mit seinem Schlagzeug auf. Im Breidenbacher Hof schafft es der Junge bis zum Kellnerlehrling, irgendwann reicht ihm der Job. Aber wie dem entkommen? Udo stolpert und lässt ein Tablett mit Kristallgläsern fallen. Am nächsten Tag ist es die Suppe, die er einer Dame versehentlich über das Kleid schüttet. Aufgebrachte Gäste und Kollegen beschweren sich über Udo »Nervenberg«. Fristlose Entlassung.

Udo freut sich über die gewonnene Freiheit, wird »Berufstrommler«. Ein wildes Leben beginnt, Paris, Tripolis, Tunis, Jazz, Saufgelage, Frauen, Exzesse. *»Als ich zurückkam, war ich mit den Nerven ziemlich flatterig. Das war meine Grundausbildung.«*

Seit der Gründung des *Star-Club* an der Großen Freiheit 39 durch *Manfred Weißleder* am 13. April 1962 und dem Auftritt einer Band aus Liverpool namens The Beatles, die mit »Love me do« die Mädchen zum Kreischen bringt, ist Hamburg zum Mekka der Beat- und Rock 'n' Roll-Anhänger geworden. Alle treten im *Star-Club* auf: Ray Charles, Little Richard, Fats Domino, Tony Sheridan, The Rattles, Gerry and the Pacemakers, The Searchers und Jimi Hendrix.

Hamburg rockt – und 1968 stößt Udo Lindenberg dazu. Die City Preachers mit *Inga Rumpf* als Sängerin, ist eine Folk-Rock-Gruppe, die zu den aktuellen Hamburger Bands gehört. Ab 1969 ist »Lindi« ihr Schlagzeuger.

Im schönen Hamburger Stadtquartier *Winterhude* an der Außenalster liegt die Straße Rondeel. In dem mehrstöckigen Altbau der Nummer 29, dem ehemaligen Privathaus des kanadischen Botschafters, hat sich der Kraut Musikverlag etabliert und um ihn herum in den vielen Zimmern mit Bett, Tisch, Stuhl und Matratze zahlreiche Künstler, manchmal sind es bis zu 14. *Mari-*

Die prachtvolle Fassade des Hotel Atlantic: Hier lebt Udo Lindenberg seit vielen Jahren.

us Müller-Westernhagen zieht hier ein, und Udo Lindenbergs leckendes Wasserbett steht genau über dem Kopf von *Otto Waalkes. Villa Kunterbunt* nennt sich die Männer-WG. Hier werden Lieder geschrieben, Bands gegründet und erste Auftritte geplant, wird Musik gemacht, wild gefeiert und flaschenweise Whisky getrunken. Schließlich ist es sozusagen Pflicht, »breit« auf die Bühne zu gehen. Erst nach einem Herzinfarkt 1989 tritt Lindenberg etwas kürzer. Doch in den Winterhuder Zeiten geben sich Udo und Otto nächtelang ihren Blödeleien hin, reift Waalkes komisches Talent. Wer in der *Villa Kunterbunt* nicht verkehrt, gehört ganz einfach nicht zur Hamburger Szene.

1970: Als Schlagzeuger tritt Udo Lindenberg in der Formation Passport des Jazzmusikers *Klaus Doldinger* auf, einer der besten Bands Europas. Doldinger hat auch die Titelmelodie der TV-Reihe »Tatort« komponiert und eingespielt; in der Version bis 1978 ist »Lindi« als Schlagzeuger zu hören.

An der Elbe hat sich das Können des Jungen längst herumgesprochen. Doch noch gelten der 25-Jährige und sein Panikorchester als Geheimtipp. In der angesagtesten Musikkneipe von Hamburg, dem *Onkel Pö* im Stadtteil *Eppendorf*, singt Udo die

Liedzeile »Bei Onkel Pö spielt 'ne Rentnerband seit 20 Jahren Dixieland« und macht die Kneipe in ganz Deutschland berühmt. Von überall kommen die Fans und belagern den Club, um Udo zu sehen, den Mann mit Sonnenbrille und Röhrenjeans. Der Hut kommt später dazu.

1973 der erste Auftritt als Sänger. Die Musikhalle ist ausverkauft, 2000 Leute halten den Atem an. Gegen sein Lampenfieber hat »Lindi« 15 Doppelkorn runtergeschüttet: *»So konnte ich wenigstens irgendwie glauben, dass ich der King bin.«* Sturzbetrunken greift er zitternd zum Mikro, singt wild drauf los und landet mit »Alles klar auf der Andrea Doria« einen Superhit. »Cello« folgt, die Leute toben vor Begeisterung. Der kommerzielle Durchbruch ist gelungen. Nachdem ein Jahr darauf »Ball Pompös« erscheint, weiß Udo Lindenberg, der als erster deutschsprachiger Rockmusiker einen Millionenvertrag bekommt: »Da war alles klar.«

DIE WAHRE RANDALE IST IM KOPF

Udo, wir brauchen dich, rufen seine Fans ihm zu. Mit seinen witzigen, originellen, poetisch visionären und an Metaphern reichen Liedtexten versteht Lindenberg, mit anspruchsvoller Musik die breite Masse zu mobilisieren: Seine Geschichten erzählen von den Zwängen und Bedrängnissen des täglichen Lebens, von Alkoholismus und Jugendkultur, Ausbruch und Umsturz, und als er 1977 einmal äußert, man müsse »mal wieder Randale« machen, und gefragt wird, was er damit sagen wolle, antwortet er: *»Ich hab' nicht von Randale mit der Faust gesprochen, mir geht es um die Randale im Kopf. Zivilcourage und Kreativität werden an der Garderobe abgegeben, wir steuern auf Schlappland zu.«*

»Wozu sind Kriege da?«, fragt singend Udo und ruft die Jugend zu Märschen für Abrüstung und Frieden auf. »Rock gegen Rechts« heißt das Motto zahlreicher Demonstrationen und Festivals, und 1983 ebnet sein Bekenntnis zum Pazifismus Lindenberg den Weg nach Ost-Berlin in den Palast der Republik, obgleich ihm der »Oberindianer« *Erich Honecker*, mit dem er »mal was klären« wollte, die Reise im »Sonderzug nach Pankow« fast verboten hätte: *»Ich wusste, dass ich da viele Freunde hatte, und die wollte ich kennenlernen. Die mochten meine Idee, dass wir irgendwann die Mauer wegkriegen. Und die kriegten Stress, weil sie Udo und ›Panik‹ mochten.«* Das Lied wurde Kult und Lindenberg bejubelt von der Jugend in Ost und West. 1986 singt er auffordernd:

> *»In den Ruinen von Berlin*
> *fangen die Blumen wieder an zu blühn*
> *ihr Indianer, Arbeiter und Bauern*
> *kommt wir springen über alle Mauern.«*

In der Hamburger *Speicherstadt* **24** *(▸ F 6/7)*, in unmittelbarer Nachbarschaft zum Miniatur Wunderland und Hamburg Dungeon ist ein Gebäude im Gespräch, in dem Udo Lindenberg sein Museumsprojekt verwirklichen könnte – ein Herzenswunsch von ihm: Neben einer Ausstellungshalle für sein Lebenswerk soll es Workshops und Proberäume für Nachwuchskünstler geben, viel Musik und, das ist klar, eine coole Panik-Bar.

HOTEL ATLANTIC **16** ▸ *J2/3*
An der Alster 72, St. Georg
www.kempinski.com
▸ U-Bahn: Hauptbahnhof Nord

SPEICHERSTADT **24** ▸ *F6/7*
Altstadt
www.speicherstadt.de
▸ U-Bahn: Meßberg

PERSONENREGISTER

Eine *kursive* Zahl verweist auf eine Abbildung.

ORTS- UND SACHREGISTER

Eine *kursive* Zahl verweist auf eine Abbildung, eine **fett** gedruckte Zahl verweist auf eine Adresse am Ende der Kapitel.

Erlesene Ziele
uf den Spuren berühmter Persönlichkeiten
ERHÄLTLICH AUCH ALS E-BOOK
HAMBURG
Eine Stadt in Biographien
BARCELONA
BERLIN
DUBLIN
LONDON
MÜNCHEN
NEW YORK
PARIS
PRAG
ROM
SAN FRANCISCO
ST. PETERSBURG
STOCKHOLM
WIEN
VENEDIG
ZÜRICH
MERIAN porträts

Liebe Leserinnen und Leser,
vielen Dank, dass Sie sich für einen Titel aus unserer Reihe MERIAN porträts entschieden haben. Wir freuen uns, Ihre Meinung zu diesem Buch zu erfahren. Bitte schreiben Sie uns an merian-portraets@travel-house-media.de.

ISBN 978-3-8342-1445-4
1. Auflage

TRAVEL HOUSE MEDIA
Postfach 86 03 66
81630 München
www.merian.de

PROGRAMMLEITUNG
Dr. Stefan Rieß
PROJEKTLEITUNG
Susanne Kronester
REDAKTION
Juliane Helf
BILDREDAKTION
Lisa Grau
SCHLUSSREDAKTION
Ulla Thomsen
HERSTELLUNG
Bettina Häfele, Gloria Schlayer
SATZ/TECHNISCHE PRODUKTION
h3a GmbH, München
REIHENGESTALTUNG
independent Medien-Design, Horst Moser, München
DRUCKVORSTUFE
Repro Ludwig, Zell am See
DRUCK UND BINDUNG
Druckerei Kösel, Krugzell

TRAVEL HOUSE MEDIA

Ein Unternehmen der
GANSKE VERLAGSGRUPPE

PEFC/04-31-1765

BILDNACHWEIS
S. 6–7 (v.l.n.r.): VISUM: C. Keller, dpa Picture-Alliance: E. Kleinert, ddp images, mauritius images/alamy, dpa Picture-Alliance: Herzog & de Meuron
S. 8–9 Orientierungskarte Gecko Publishing GmbH
action press: TAKE TWO 15, J. Tuck 164 • akg-images 27, 35, historic-maps 55 • arturimages/bab.ch 127 • Barlach-Haus: A. Weiss 84 • Bildagentur-online 77 • Bilderberg/La Phototheque/Avenue Images: W. Kunz 87 • bpk 21, 75, C. Brasch 51, Hamburger Kunsthalle/E. Walford 44, 69, United Archives, Grimm 91 • bridgemanart 63, 67 • Cinetext/Bruder 139 • ddp images: 124, AP: C. Eckert 99, AP: C. Stache 19, United Archives 147 • dpa Picture-Alliance 110, P. Lux 159S. Persch 119 • fotolia: P. Zembol 47 • imagebroker/vario images 39 • imago: L. Berg 103, blickwinkel156, Hoch Zwei Stock/H. Angerer 52, teutopress 107, Waldmüller 132, ZUMA/Keystone 116 • Interfoto: E. Bieber 59, Moore 155, 163, Sammlung Rauch 36 • Keystone Pressedienst 83, Keystone Tokio 115, F. Peyer 100, K. Roessler 123 • laif: C. Bruch 131, J. Modrow 143, Scherl/SZ Photo 95, F. Siemers 60, 108, S. Zuder 151 • mauritius images/ib 167, United Archives 11 • Staatsoper Hamburg: K Westermann 140 • TopicMedia/ib 135 • ullstein bild 28, 43, Röhrbein 31, Vodjani 92 • vario images/McPHOTO 70, 78 • VISUM: A. Buellesbach 148, C. Keller 12 • I. Wandmacher 22